新 視 野

中華經典文庫

新　視　野
中華經典文庫

孔子家語

名譽主編 饒宗頤

導讀及譯注 潘樹仁

中華書局

新視野中華經典文庫

孔子家語

□
導讀及譯注
潘樹仁

□
出版
中華書局（香港）有限公司
香港北角英皇道 499 號北角工業大廈一樓 B
電話：(852) 2137 2338　傳真：(852) 2713 8202
電子郵件：info@chunghwabook.com.hk
網址：http://www.chunghwabook.com.hk

□
發行
香港聯合書刊物流有限公司
香港新界大埔汀麗路 36 號
中華商務印刷大廈 3 字樓
電話：(852) 2150 2100　傳真：(852) 2407 3062
電子郵件：info@suplogistics.com.hk

□
印刷
深圳中華商務安全印務股份有限公司
深圳市龍崗區平湖鎮萬福工業區

□
版次
2013 年 7 月初版
2020 年 6 月 第2次印刷

□
規格
大 32 開（205 mm × 143 mm）

□
ISBN：978-988-8236-88-6

出版說明

為甚麼要閱讀經典？道理其實很簡單——經典正正是人類智慧的源泉、心靈的故鄉。也正是因此，在社會快速發展、急劇轉型，因而也容易令人躁動不安的年代，人們也就更需要接近經典、閱讀經典、品味經典。

邁入二十一世紀，隨着中國在世界上的地位不斷提高，影響不斷擴大，國際社會也越來越關注中國，並希望更多地了解中國、了解中國文化。另外，受全球化浪潮的衝擊，各國、各地區、各民族之間文化的交流、碰撞、融和，也都會空前地引人注目，這其中，中國文化無疑扮演着十分重要的角色。相應地，對於中國經典的閱讀自然也就有不斷擴大的潛在市場，值得重視及開發。

於是也就有了這套立足港臺、面向海外的「新視野中華經典文庫」的編寫與出版。希望通過本文庫的出版，繼續搭建古代經典與現代生活的橋樑，引領讀者摩挲經典，感受經典的魅力，進而提升自身品位，塑造美好人生。

本文庫收錄中國歷代經典名著近六十種，涵蓋哲學、文學、歷史、醫學、宗教等各個領域。編寫原則大致如下：

（一）精選原則。所選著作一定是相關領域最有影響、最具代表性、最值得閱讀的經典作品，包括中國第一部哲學元典、被尊為「群經之首」的《周易》，儒家代表作《論語》、《孟子》，道家代表作《老子》、《莊子》，最早、最有代表性的兵書《孫子兵法》，最早、最系統完整的醫學典籍《黃帝內經》，大乘佛教和禪宗最重要的經典《金剛經》、《心經》、《六祖壇經》，中國第一部詩歌總集《詩經》，第一部紀傳體通史《史記》，第一部編年體通史《資治通鑒》，中國最古老的地理學著作《山海經》，中國古代最著名的遊記《徐霞客遊記》，等等，每一部都是了解中國思想文化不可不知、不可不讀的經典名著。而對於篇幅較大、內容較多的作品，則會精選其中最值得閱讀的篇章。使每一本都能保持適中的篇幅、適中的定價，讓普羅大眾都能買得起、讀得起。

（二）尤重導讀的功能。導讀包括對每一部經典的總體導讀、對所選篇章的分篇（節）導讀，以及對名段、金句的賞析與點評。導讀除介紹相關作品的作者、主要內容等基本情況外，尤強調取用廣闊的「新視野」，將這些經典放在全球範圍內、結合當下社會生活，深入挖掘其內容與思想的普世價值，及對現代社會、現實生活的深刻啟示與借鑒意義。通過這些富有新意的解讀與賞析，真正拉近古代經典與當代社會和當下生活的距離。

（三）通俗易讀的原則。簡明的注釋，直白的譯文，加上深入淺出的導讀與賞析，希望幫助更多的普通讀者讀懂經典，讀懂古人的思想，並能引發更多的思考，獲取更多的知識及更多的生活啟示。

（四）方便實用的原則。關注當下、貼近現實的導讀與賞析，相信有助於讀者「古為今用」、自我提升；卷尾附錄「名句索引」，更有助讀者檢索、重溫及隨時引用。

（五）立體互動，無限延伸。配合文庫的出版，開設專題網站，增加朗讀功能，將文庫進一步延展為有聲讀物，同時增強讀者、作者、出版者之間不受時空限制的自由隨性的交流互動，在使經典閱讀更具立體感、時代感之餘，亦能通過讀編互動，推動經典閱讀的深化與提升。

這些原則可以說都是從讀者的角度考慮並努力貫徹的，希望這一良苦用心最終亦能夠得到讀者的認可、進而達致經典普及的目的。

「弘揚中華文化」是中華書局的創局宗旨，二〇一二年又正值創局一百週年，「承百年基業，傳中華文明」，本局理當更加有所作為。本文庫的出版，既是對百年華誕的紀念與獻禮，也是在弘揚華夏文明之路上「傳承與開創」的標誌之一。

需要特別提到的是，國學大師饒宗頤先生慨然應允擔任本套文庫的名譽主編，除表明先生對本局出版工作的一貫支持外，更顯示先生對倡導經典閱讀、關心文化傳承的一片至誠。在此，我們要向饒公表示由衷的敬佩及誠摯的感謝。

倡導經典閱讀，普及經典文化，永遠都有做不完的工作。期待本文庫的出版，能夠帶給讀者不一樣的感覺。

中華書局編輯部

二〇一二年六月

目錄

卷一

卷五

卷六

卷七

《孔子家語》導讀

潘樹仁

提起孔子，很多人會立刻想到《論語》，而對《孔子家語》，卻知之者甚少。造成這種狀況，可能有兩大原因：一是，《論語》篇幅短小，語言精練，內容豐富，集中體現了孔子的思想；而《孔子家語》則相對內容駁雜，篇幅龐大，字數遠遠超過《論語》。二是，《論語》作為儒家的經典著作，是由孔子的弟子及再傳弟子編纂而成，歷來對此意見比較統一，雖然也有人對其版本有不同的意見，但無大的分歧；而《孔子家語》的真偽則遭遇較大質疑，甚至一度被認定是偽書，影響了它的流傳。無可否認，學習研究孔子的基本思想，當以《論語》為最可信賴的材料。但若要全面了解孔子的人生事跡及其學說，感悟一位聖人的立體生命形態，則不可不讀《孔子家語》。

一、書名、作者與成書

《孔子家語》，又名《孔氏家語》或者《家語》，是記述孔子生平和思想的著作，採用對話體的形式，記錄了孔子與弟子及其他人的對話問答和言談行事，比《論語》的記載更為詳盡具體。關於該書的作者和版本問題，歷來爭論較多，莫衷一是。

《漢書・藝文志》最早著錄《孔子家語》曰，凡二十七卷，孔子門人所作，其書早佚。而唐代顏師古注《漢書》時，曾指出二十七卷本「非今所有家語」。他所謂今本，即流傳下來的十卷本，題為三國時魏王肅所注。宋代王柏首先提出《家語》實為王肅所撰寫，是一部偽作。至清代訓詁派，如姚際恆《古今偽書考》、范家相《家語證偽》等都認為《家語》是偽書。近代學界疑古之風盛行，《家語》乃王肅偽書的觀點幾成定論。雖也有學者指出其並非偽書，但也多認為經過了王肅加工，有相當部分內容為其所增。

不過，現代考古學的發展為古書真偽之辨提供了很好的佐證。一九七三年河北省定縣八角廊出土西漢墓竹簡《儒家者言》，內容同今本《孔子家語》近似。一九七七年安徽省阜陽雙古堆西漢墓也出土了木牘，篇題與《儒家者言》相應，內容同樣與《孔子家語》相關連。另外隨着上海博物館藏戰國楚竹書的問世、英藏敦煌寫本《孔子家語》的公佈，人們對於《孔子家語》偽書說逐漸有了新的認識。這一系列新的發現說明，今本《孔子家語》是有來歷的，它很可能早在西漢即已有原型存在和流傳，並非偽書，更不能直接說成是王肅所撰。大致可以理順地說，《孔子家語》是孔子後學所撰，曾被荀子帶至秦國。孔子十一世孫孔安國，收集秦朝焚書後的各種版本，在西漢武帝元封時重新編輯成書。後又經歷了一個很長的編纂、改動、增補過程，到三國時王肅從孔子後人孔猛那裏得到此書，為之寫序，並作了注解，成為現在流行的十卷四十四篇版本。

二、史料價值及研究情況

《孔子家語》在很長的歷史階段被疑為偽書，其史料價值未受到足夠的重視。雖則如此，它仍流傳不廢。《四庫全書總目》中說：「其書流傳已久，且遺聞軼事，往往多見於其中。故自唐以來，知其偽而不能廢也。」可見，即便認為是偽書，古人也並沒有完全否定其價值。在偽書說佔主流的局面被打破以後，其學術思想價值更為人們重視和肯定。

今人通過對該書的系統研究，多認為其具有如下幾個方面的重要價值。首先，《家語》對孔子的記載比其他資料更為完整。《論語》雖然是研究孔子思想的第一手資料，但它篇幅短小，內容簡略，不能表達孔子等人思想言行的全貌。而《家語》無論是在篇幅還是在內容上，都多出許多，它記載全面，又有孔子言行的具體情節，顯然更能展現孔子的人品和思想。此書搜集孔子的詳盡生平事跡，以及當時事件的背景資料約二百六十多篇，更值得讀者研習。例如孔子在魯國做官，曾取得很好的政績，使得社會環境和人民生活都有改善，很多人都不了解這件事，本書第一篇對此就有詳細的記載。所以有研究者認為，《家語》從某種意義上講，其價值甚至超過《論語》。[1]

其次，它保存了最原始和可靠的材料，具有重要的文獻價值。通過將《家語》與傳統文獻比較，可以看出《家語》的資料較為原始。例如，《家語》中的《哀公問政》又見於《禮記．中庸》，將二者對勘，可發現《禮記．中庸》語言更為簡練，應進行過修改、潤色，這種改動明顯帶有西漢的歷史印痕。如本篇中「舉廢邦」一句，在《禮記．中庸》中為「舉廢國」，顯然是避漢高祖劉邦的名諱。由此可斷定，《家語．哀公問政》成書年代早於《禮記．中庸》。[2] 由於該書保存了不少古書中的有關記載，這對考證上古遺文、校勘先秦兩漢典籍，有重要價值。

1 楊朝明著：《儒家文獻與早期儒學研究》，齊魯書社，二〇〇二年。
2 王承略：《論〈孔子家語〉的真偽及其文獻價值》，《煙臺師範學院學報》，二〇〇一年第三期。

三、主要思想內容

(一) 禮、樂、教、學

孔子生活在春秋末期，那是一個「禮崩樂壞」的時代，所以他致力於恢復周公制禮作樂的精神內涵，要讓社會和諧，重回大同的理想。他一生堅持這種理想，從未放棄。我們通過分析本書的用字，可以約略看出孔子思想特點和理論方向。以書中十三個單字的使用數量為例：

「禮」三百三十二個，「道」二百二十個，「德」一百四十一個，「義」一百二十二個，「仁」一百一十八個，「樂」一百零七個，「教」九十三個，「學」七一八個，「智」五十六個，「忠」五十五個，「孝」五十三個，「勇」二十六個，「恕」十三個。

可以看出，「禮」字的用量為首，「樂」在中間第六位。禮可以作為道德哲學的命題，加以詳細探討，樂側重於心理情緒。但禮樂教育作為基本的教育內容，除了教的工作外，也必須包括身體、行為的經驗學習，更包含德育及哲學，可分為身教、家教、境教三大範疇。教的對立面是學。根據生命成長規律，教育階段可分為小學、中學和大學的學校教育，然後是成人教育的終身學習。每個人出生之時都是一張空白的紙，必須接受教育，自己學習，再加以思索融化，才有知識和理性思辨的進步，所以每一個人都離不開教與學的過程。

古「禮」字即「豊」字，現在的「禮」字則是由「示」「豊」兩部份組成。「示」為表示，是原始祭祀的開始；上部分的「二」字，即古「上」字或天的意思；下部分「小」字三撇，即代表「日、月、星」三光下照，意味着上天的恩德照臨大地，令人類有光明而賴以生存，故此人類祭祀以感恩。「豊」字下部分是「豆」字，為高腳器皿，用以盛載祭祀物品，古代以腳愈高，禮制規格愈高；上部分有如稻穗，或者是玉石或貝殼的串連，是部落社會最珍貴的禮物。

社會須要法律去管束人們的行為，但不能所有細節事情都寫成條文，一切標準訴諸法律，則變成爭訟字眼和法律的灰色地帶。人們普遍接受的行為，就成為禮節，用來互相規範約束。但這只是禮表面的作用，禮的意義，更在於相互平等尊重，約束自己，也愛護別人，每個人有內化的克制能力，「克己復禮」才是其最高內涵。人與禽獸的分別，正是能夠用禮尊重他人，自然恰當地展現自我的風采，舉手投足的禮儀，回歸內心的觀照，能體驗人類心性融貫於天地之間。

本書提到「知禮」與「好禮」兩個觀念，書中分別有八處和六處加以論述。知禮是知識學習的過程，包括了解社會人群操作禮儀的方法，訂立禮制的背景和原因，自己加以思辨和判斷，不是盲目地依從，要在禮儀之中感悟禮的意義，思考禮的精神內涵，逐步向內心發展德性的修養。《顏回第十八》篇提到：「子曰：『既能成人，而又加之以仁義禮樂，成人之行也，若乃窮神知禮，德之盛也。』」用盡全副精力來學習研究禮，必然能令德性修養加強。好禮是德行的表現，要完善禮的行為，一舉手一投足，不能有失禮的地方。好好學習每一種禮節，然後將禮節推行和教導學生，化解人與人之間的矛盾行為，減少摩擦和爭吵，維護社會和諧，都是好禮的重要性。《曲禮子貢問第四十二》篇：「孔子曰：『富而不好禮，殃也。』」一個人有了錢財，而不能以禮義待人，不單被人罵為財閥，更有可能被人縛架，招致殺身之禍。

音樂使人快樂，人類心中的快樂，有如一座音樂廳在演奏音樂，迴旋縈繞，抑揚頓挫，手舞足蹈，輕鬆愉悅，令人回味無窮。孔子愛古琴，聽韶樂，深知音樂陶冶性情的作用巨大。禮樂的教育就是動靜的配搭，非常恰當，有靜態的和諧禮序，有動態的舒暢樂韻，陰性的心境謙虛自信，互相尊重，陽性的體態抒情愉悅，共樂平等。用身體藝術作為語言，結合禮樂，表達心中的道德情操，是一種行為藝術，是德育的揮灑自如，確實是中華文化蘊涵深厚而獨特的生命禮樂教育。

至於學，古字「學」與教「教」非常相似，學由「手」、「爻」、「冖」、「子」組成，教由「爻」、「子」、「手」組成，共通之處是「爻」、「手」。「手」是老師的手或學生的手，或者是老師執學生的手，「爻」是卦爻，代表《易經》的數學，因為一劃開天的數學符號和理論，從《易經》開始，而學習數學，就是開始理性思維，小孩子數一二三開始，知道有秩序有理性，有邏輯可以運算，令數學成為科學之母，終極是宇宙大道呈顯出自然的方程式，最後是覺悟真理的所在。終身學習的重要性，是保持開放客觀的態度，謙虛的精神，生命自我的善德修養。學以致用的第一步，就是自身的心性修煉，渴求真理，追求藝術的圓潤，令生命花朵自然綻放，以至探索融和天地一體的大道，才是絢麗人生的樂趣所在，也是天人合一的無限境界。

（二）政教合一

大同與小康都是孔子的理想天下，社會和諧，人民生活安寧幸福，是政治的基本目標。孔子在政治的實踐上，已經在小範圍內實現了這種理想，《相魯第一》篇裏，孔子為政，先制定禮節，然後改善社會的風氣：「制為養生送死之節，長幼異食，強弱異任，男女別塗，路無拾遺，器不雕偽」。在孔子眼中，政治不是爭名奪利的場所，而是充分使用權力，為民眾謀取利益，所以政治的核心便是「為政以德」。孔子形容君主和人民的關係是水和舟，《六本第十五》：「舟非水不行，水入舟則沒；君非民不治，民犯上則傾。」水能載舟又能覆舟，君主需要運用他的權力和魅力，說服人民接受政令，遊說下屬配合去執行。一位仁德君主，散發着領袖的善良正氣，使所有人都能感受到他的威嚴，而君主在替人民祭祀祈福時，人民又能感覺到他是一位關愛自己的領導。孔子先行制定禮儀，讓人與人之間互相恭敬，然後取得互信，下屬可以坦然忠誠，上司可以寬厚對待，各人遵守工作本分，不貪心不奢華浪費，便沒有盜賊和罪案。可以看出，孔子的政治理論並不深奧，而且與個人修養相結合。因而，政治就是教育，教人民各自修養，不論禮樂詩書，還是仁義道德，結果都是要修養成為有仁德的君子。君子必須「自強不息」，「窮則獨善其身，達則兼善天下」，等到時機來臨，便可以一展所長，利民濟世。

(三) 道、德、仁、義

有些道家人士認為孔子只講仁義，而脫離了傳統的大道思想，其實並非如此。在《孔子家語》一書中，所用「道」、「德」二字共三百六十一個，比「仁」、「義」二字二百四十個要多二分之一。孔子從來沒有離開「道」而談「仁」，這在正文的導讀與賞析中會一一細說。

「𢗓」是古代「仁」字，有三種解釋，一是「忎」，二是上「身」下「心」，三是上「人」下「心」。從個人的心，到千人的心，或者心身一體，都包含有內在的心性學問。本書的對答之中，問及「仁」者有十九處，孔子的答覆有兩大類。《王言解》說：「仁者莫大乎愛人」；《哀公問政》說：「仁者，人也」。心性的學問，是生命的真實經歷，由自身出發，感通他人，因為人類平等人人相同，所以愛他人即是愛自己，人同此心，心同此理，此理是天理良心，這是儒家思想的重要個人內涵修養，有了這個基礎，才可以談論群體的人倫關係，兩者不能偏廢，否則家庭與邦國的理想便不能建設。春秋戰國時期，對身心或心性的辯證，已經有很多的討論，如在《性自命出》這本書中，便有性由心生的說法，並非到宋明時代，才衍生出心性的學問。心是通往天地大道的途徑，可知孔子論仁，確實有「推儒備道」的整體性，並沒有離開宇宙大道，也沒有離開個體生命而只談人道。

「義」，字形上「羊」下「我」，是善良的自我威儀，現代人多理解為正義、公義、俠義，是善良意志的堅守，甚至是俠義能力上的襄助。本書中，《哀公問政》有孔子的回答：「義者，宜也，尊賢為大」，善良的心，發動為外在行為時，必須要合宜，不能過分，尤其不能傷及他人。簡而言之，便是以賢者的行義為參考導引，這是非常理智而實用的行為模式，人的衝動義憤，往往令人做錯事，最終傷害自己。德行顯示大道，仁慈的心性流露成為德行，而因仁心彰示見義勇為的行徑，且有禮的規範使俠義的行為恰到好處，這便是道德行為顯現、互相約制的最佳配合。

（四）忠孝智勇之道

先秦儒家的忠孝之道，並不是後世的愚忠愚孝和單方面的服從。要實踐忠君愛國，君主必須是一位有道德的仁君，下屬則盡職盡責，仁君忠臣互相結合。「智」、「仁」、「勇」是互為配合的思想和行動，以智為首，智慧和仁愛加以配合，才能達到正確的德行。孔子開創的儒家哲學，注重「孝」道思想，比道家的討論更為深入，老子《道德經》只有兩處提到「孝慈」，孔子提倡人道為主的生命關懷，更貼近大眾的感情，是人文主義的踐行者，提醒人們不能放棄對生命的感恩，回報父母的大愛，必須通過踐履孝道，才是對真正生命意義的體驗。

忠孝不能兩全，家國不能兼顧，雖然二者有產生矛盾的時候，但也絕非根本的對立。一切道德行為都要視乎細節以至當時環境條件，當事人根據具體情境做出最終的抉擇，結果慢慢浮現，才明白該行為是否恰當。所以「當下是道」，自我修身即可，不要輕易去批評別人的道德，切忌自以為是，隨意指責他人的道德，必須首先反思自己的道德水平。而且道德的高下亦不是判然分明的，孔子教導學生要從側面和多角度去思索問題，提倡行為簡樸才是修養品德的基礎，平常日用之間即是人道的所在，不用強求。

（五）聖人楷模

如果讀者再配合閱讀孔子所撰寫的《周易・繫辭》，便會發覺孔聖人的哲學思維深度通天達地、寬厚宏博，令人讚歎。《孔子家語》比《論語》更全面地勾畫出孔子的人物形象，豐富了聖人的面貌，使人了解孔子修身以禮、從政以德、待人以恕等多方面的生活態度。呈現在我們眼前的孔子，是一個至聖、至仁、至德、至博的聖者，品德修養已臻化境，揮灑自如，平凡當中顯出偉大高明的德行，成為後人的道德楷模，人人跟隨學習，必為聖賢君子。

此次，因參與編纂「新視野中華經典文庫」之《孔子家語》的機緣，使我能夠重新潛心投入書中，猶如站在聖賢的身旁，聆聽他們一字一句的教誨和交談，理解這些千古的德音，受益無窮。修身是先秦諸子共通的行為，道家後來深入發展為性命雙修的氣功系統，而孔、孟都沒有離開身心合一的修養，後來的儒家發展出修身、齊家、治國、平天下的理想。孔子的修身，是哲理思想的學習與身體語言的禮義相結合，個人有修養並合宜地尊賢就是義，如果不懂適宜的尺度，也可按照習俗的儀規，這是退一步的禮義。孔子推行六藝教學：禮、樂、射、御、書、數，他本人文韜武略樣樣皆能，引導學生謹慎思辨，日後在人生大道之中，堅持道德仁義，「雖千萬人吾往矣」，培育出的學生個個都是俊彥君子。所以三千弟子，人人以老師為傲，七十二賢各有傑出成就，人人感戴師恩。知識無涯，孔子每事都虛心發問，溫故知新，自然博學多才。學思之後是實踐，必須學以致用，靈活應世。先有「好學不倦」，然後是親切的家語，諄諄的提點，在「誨人不厭」的工作中，以生命影響生命，永不言休地執教於杏壇，整理古籍，刪掉誨淫的詩篇，以春秋筆法評判歷史，被後人讚為：「一支妙筆，戰勝七雄五霸；幾卷詩禮，流傳億萬斯年」，成為「萬世師表」。

以下簡略列出孔子作為聖人的品格與成就：

（1）自強不息：雖然身為貴族之後，但因家道沒落，幼年喪父，孔子在社會上身份低微，他仍然努力實踐君子之道，自強不息，自我建構人生大道。

（2）終身學習：三歲失父，十七歲喪母，生活艱難困苦，始終為生命而奮進，十五歲立志於求學，成為終身學習的典範。

（3）禮行天下：三十歲學禮有成，齊景公訪問魯國，與之會面，談論天下大事，漸有名聲而謹守禮讓謙虛，從不驕傲自大。

（4）教學並進：三十多歲開始教學生涯，「誨人不厭，好學不倦」，教與學結合，是教學相長的模範。

（5）因材施教：能夠體察人性，結合學生的不同性格和資質，加以恰當的輔導和啟發，引導人格品德的完善學習和發展，使學生充分發揮自己的潛能。

（6）官績卓越：做官時政績顯著，賊人聞風逃避，軍事上當機立斷，兵不血刃收回國土，顯示出文韜武略，實行仁政和德政，創建富裕和諧的社會環境。

（7）刪書訂禮：述而不作，阻擋負面訊息流通，不畏王權惡霸，公正地記錄客觀歷史。

（8）身教化育：待人接物和顏悅色，令學生親身受到感染和啟發，增進知識和智慧，因而他去世後很多學生替他守墓三年，子貢更是守墓六年，古今所罕有。

（9）有教無類：教育學生無論富貴貧賤，皆用禮樂加以教化，誘發學生多元化興趣，讓學生親身經歷每一個學習過程。

（10）萬世師表：行住坐臥，都產生教與學的人格魅力，日常生活中修身以禮、從政以德、待人以恕，處處散發人性光輝：至聖、至仁、至德、至博，成為聖者。

《孔子家語》全書共十卷四十四篇，本書對每篇文字進行了精選，加以簡明注釋，並對經典段落和名句進行點評，竭力為讀者呈現全書的整體模樣。在譯注過程中，參考了北京中華書局王國軒、王秀梅注本，特此説明，以表謝意。書中若有錯漏與不足之處，敬請讀者批評指正。對於《孔子家語》以及孔子的教育思想，在今日「新視野」角度中，不妨加入西方的生命教育（The Holistic Curriculum）理念重新審視，希望從中找出一些具有啟發性的智慧，令孔子思想古為今用，為下一代教育開闢新途，提供借鑒。完成此書後，感慨良多，故不揣鄙陋，為之歌曰：

家語絲絲，温馨燕爾，
聖賢鈞道，悠然坦蕩。
學習終生，修身力行，
齊家治國，孝德仁義。
禮樂教化，育才維新，
君子雍穆，恭順敬慎。
忠貞厚恕，信誠日月，
大同康莊，和諧體一。

卷一

相魯第一

本篇導讀——

孔子做官，是實踐他「以禮治國」的理想，他從中都宰、魯司空、大司寇，一直做到攝行相事的高職，充分顯示了他的政治才能和應變能力，彰顯了他的實際辦事能力，說明孔子並非紙上談兵。這一點很多人都忽略了，認為儒家哲學，只是空洞的理想，無法付諸現實。孔子推行的措施，使民眾路不拾遺，社會和諧，教化推行，國家達到穩定而強大的水平，與鄰邦齊國簽訂盟約。而且在證據充足的情況下，迫使強盛的齊國，歸還侵佔的四邑和汶上的田地。這些都證明了孔子的為政做官之才。

孔子初仕[1]，為中都宰[2]，制為養生送死[3]之節[4]。長幼異食，強弱異任，男女別塗[5]；路無拾遺[6]，器不雕偽[7]；為四寸之棺[8]，五寸之槨[9]，因丘陵為墳，不封不樹[10]。

注釋

1 初仕：初次出任政府官員職位。在魯定公九年，此時孔子已五十一歲。

2 中都宰：中都地方的長官，約等於現在的縣長或縣裏一、二級官員。

3 養生送死：即老有所養，死有所葬，是敬老安老的工作。

4 節：有規範的禮節標準，由官員制定就是法律條文。

5 塗：通「途」，道路。

6 路無拾遺：可作「路不拾遺」或「道不拾遺」，不貪婪在路上拾到的東西。

7 雕偽：裝飾雕刻，是人為的加工。

8 棺：棺木的內棺。

9 槨：外棺。

10 不封：不聚土以起墳，因山丘為墳。不樹：墳周邊不種松柏等樹木。

譯文

孔子在魯國首次做官，在中都地方任長官，制定養老的法規和送葬的禮節。依長幼分配不同食物，依能力分配工作，男女分別使用不同道路。沒有人拾取並佔有他人的遺失物品，器皿都沒有奢侈的雕飾。死人裝斂，內棺厚四寸，外棺厚五寸，依傍山丘建墳墓，無須加高封土和種植太多樹木。

賞析與點評

看孔子做官，不只有鴻圖大志，而且細心開展德政的實務功夫。孔子要減少飾物，維繫儉約的生活方式，阻止貪婪奢侈的風氣漫延，甚至殯儀的規格，都定在一般的水平，整個社會，便建基於道德和諧的共融氣氛。

孔子做官雖然只有五年左右，但政績很好，證明他不只能夠講道理，而且能做事，真正做到學以致用。

1.2

行之一年，而西方之諸侯則[1]焉。定公[2]謂孔子曰：「學子此法，以治魯國何

如？」孔子對曰：「雖天下可乎！何但魯國而已哉？」於是二年，定公以為司空[3]。乃別五土[4]之性，而物各得其所生之宜，咸得厥所[5]。先時，季氏葬昭公於墓道之南[6]，孔子溝而合諸墓焉，謂季桓子[7]曰：「貶君以彰己罪，非禮也。今合之，所以掩夫子之不臣[8]。」由司空為魯大司寇[9]，設法而不用，無姦民。

注釋

1 則：仿效。

2 定公：魯定公，此對話應在魯定公十年（前五〇二）。

3 司空：主管工程、製造、手工業的官。

4 五土：指五種不同的地形，包括山林、川澤、丘陵、墳衍、原隰等。

5 厥所：最理想的收成、收穫。

6 「季氏」句：魯昭公二十五年，昭公討伐季平子，失敗流亡於晉，死於晉地乾侯。季平子後來將昭公葬於魯國先君陵墓以南，不使與先君合葬，以洩私憤。

7 季桓子：季平子的兒子，權位的繼承者。

8 不臣：沒有禮法不稱職的臣子。

9 大司寇：主管刑獄的官。

譯文

新的禮節制度實行一年後，西邊的諸侯國，都仿效這些規則。魯定公對孔子說：「用你的辦法治理魯國，可否行得通？」孔子回答說：「即使天下都可以治理好，何況魯國而已！」這樣實施了兩年，魯定公升任孔子為司空。孔子區別各地土壤的性質，將各種作物種植在適宜的環境裏，結果所有物類都得到理想的收穫。之前，季平子將魯昭公葬在祖墓的南面，孔子挖溝將昭公的陵墓與祖墓連接起來，他對季桓子說：「貶抑君王以彰顯個人功績，遮擋自己的罪過，是不合禮節，如今合葬，可以掩蓋你父親不守臣道的罪行。」由此孔子從司空擢升為大司寇，即使設立法律也沒有使用，也沒有奸惡的民眾出現。

賞析與點評

孔子知識淵博，在安排土地耕作上可以看出有專業水平，使「物各得其所生之宜」。孔子做人處事，既細膩又不急進，替魯昭公移墓重葬，昭公後人魯定公當然高興，但他對季桓子也說得非常有禮而得體，解釋為掩蓋他父親的罪過，使後人安心，這種多方面圓融的工作，只有智者才能熟練。

定公與齊侯[1]會於夾谷。孔子攝相[2]事，曰：「臣聞有文事[3]者必有武備[4]，有武事者必有文備。古者諸侯竝出疆，必具官以從，請具左右司馬[5]。」定公從之。至會所，為壇位，土階三等，以遇禮相見，揖讓而登。獻酢[6]既畢，齊使萊[7]人以兵鼓譟[8]，劫定公。孔子歷階而進，以公退。曰：「士，以兵之。吾兩君為好，裔夷之俘[9]，敢以兵亂之，非齊君所以命諸侯也。裔不謀夏，夷不亂華，俘不干盟，兵不偪好，於神為不祥，於德為愆義，於人為失禮。君必不然。」齊侯心怍，麾而避之。有頃，齊奏宮中之樂，俳優[10]侏儒戲於前。孔子趨進，歷階而上，不盡一等。曰：「匹夫熒[11]侮諸侯者，罪應誅，請右司馬速加刑焉。」於是斬侏儒，手足異處。

注釋

1 齊侯：即齊景公。

2 攝相：代理儐相的職位，包括接待和贊禮的工作。

3 文事：談判的事務，此處是指盟會。

4 武備：武力軍事的準備。

5 司馬：掌管軍事的官。馬是古代戰爭的重要工具，故職銜有此稱呼。

6 獻酢：用酒獻給客人的禮儀。

7 萊：齊國的外族屬國，可稱東夷。

8 鼓譟：鼓噪。

9 裔夷之俘：邊遠地區少數民族的俘虜。裔，邊裔；夷，夷狄。

10 俳優：演舞蹈滑稽戲的人。

11 熒：混淆視聽。結盟的隆重典禮，不應該有嬉戲的人與行為。

譯文

魯定公和齊景公，在夾谷地方進行盟會，孔子以代理儐相的職責隨行。他對魯定公說：「我聽聞以和談方式解決國家之間的糾紛，必定要有武力為後盾；準備用戰爭來解決爭端，也必定要準備以和平解決的辦法，古代的諸侯離開國境範圍，必定配備應有的文武官員隨從，請批准我帶上左右司馬的部隊。」定公聽從了他的建議。到達會盟的地方，搭建典禮壇場和席位，築起三級臺階，用諸侯相會的禮遇，與齊侯會面，賓主互相拱手揖讓，登上席位，並且互相敬酒。齊國早已安排萊人，帶着兵器埋伏，此時鼓噪喧嘩，想把定公劫持。孔子衝上梯級高臺，走到定公身旁，扶他退下禮壇，同時向魯國侍衛說：「你們拿起兵器，殺了他們。現在兩國君主結盟，東夷的俘虜敗卒，竟敢興兵作亂，破壞兩國友好，這不是齊國君主對諸侯的行動。遠方的人，不應該參加華夏的政務，東夷不應擾攘華夏的活動，俘虜不可破壞盟約，士兵不應威逼鄰邦。否則，從神道來講，是不吉祥的；從道德來講，是違反正義的；從人際關係來講，是嚴重失禮的。齊國的君王，一定不會這樣做。」齊侯心中感到非常慚愧，揮手叫萊人退避。不多久，齊國的樂師奏出宮廷音樂，歌舞藝人和雜技者，在禮壇前表演和嬉戲。孔子馬上衝上臺階，還未到最後一階，就說：「一般老百姓熒惑侮辱諸侯，罪當斬首分肢，右司馬，立刻執行刑法吧！」於是雜技藝人就被斬殺，而手足分散在不同地方。

賞析與點評

這段記載突顯孔子的文韜武略和英明決斷。「有文事者必有武備，有武事者必有文備」，自己堅守道德禮節，不會踰越，出國談判帶備兵馬，防備劫盟危機。侏儒表演侮辱國君，他立刻命令隨行軍隊腰斬他們，令對方不再做滋擾的小動作。盟會的最終結果，使齊國交還四處地方及汶上的田地，是「以禮治國」的成功實例。

始誅第二

本篇導讀——

孔子剛剛做了代理國相的高職，只有七天的時間，就殺了魯國　位名人少正卯，但赦免了要訴訟父親的忤逆子。季氏和子貢兩人都提出異意，認為孔子的判決錯誤。孔子用有力的理據，闡釋或赦或殺的道理，彰顯了孔子政治思想中的政教合一理論。

孔子為魯大司寇。有父子訟者，夫子同狴[1]執之，三月不別，其父請止，夫子赦之焉。季孫[2]聞之，不說，曰：「司寇欺余，曩告余曰：國家必先以孝。余今戮一不孝以教民孝，不亦可乎？而又赦，何哉？」冉有[3]以告孔子，孔子喟然歎曰：「嗚呼！上失其道而殺其下，非理也；不教以孝而聽[4]其獄，是殺不辜；三軍大敗，不可斬也；獄犴[5]不治，不可刑也。何者？上教之不行，罪不在民故也。夫慢令[6]謹誅[7]，賊也；徵斂無時，暴也；不試則成，虐也。故無此三者，然後刑可即也。《書》云：『義刑義殺[8]，勿庸以即汝心，惟曰未有慎[9]事。』言必教而後刑也。既陳道德以先服之，而猶不可，尚賢以勸之；又不可，即廢之；又不可，而後以威憚之。若是三年而百姓正矣。其有邪民不從化者，然後待之以刑，則民咸知罪矣。《詩》云：『天子是毗[10]，俾民不迷[11]。』是以威厲而不試，刑錯而不用。今世則不然，亂其教，繁其刑，使民迷惑而陷焉，又從而制之，故刑彌繁而盜不勝也。夫三尺之限[12]，空車不能登者，何哉？峻故也；百仞[13]之山，重載陟焉，何哉？陵遲[14]故也。今世俗之陵遲久矣，雖有刑法，民能勿踰乎？」

注釋

1 狴（粵：幣；普：bì）：監獄。

2 季孫：即季桓子，魯國的大夫。
3 冉有：冉求，字子有。是孔子學生，曾任季氏的家臣。
4 聽：處理審判。
5 獄犴（粵：岸；普：àn）：此處指刑獄。
6 慢令：散慢的法令。
7 謹誅：嚴厲的懲罰，輕易誅殺罪犯。
8 義刑義殺：合宜的刑罰和判決。
9 慎：謹慎。古代判處死刑十分嚴謹，而且必須在秋天執行，犯人有足夠時間想辦法上訴。
10 毗：輔助。
11 俾民不迷：令民眾不會迷失方向。
12 三尺之限：不高而很細小的險峻，限，通「險」。
13 仞：古代八尺為一仞。
14 陵遲：登山的道路拉長，使斜度減少易於行車，但路程卻增多。後一句「陵遲」，指禮教道德滑坡，形成向下的勢態，已經難以從新向上。

譯文

孔子做了魯國的大司寇後，有父子來打官司，孔子把他們一併收監，三個月都沒有審理。其後父親請求終止審判，孔子便放了他們。季桓子聽聞此事，感到不高興，便說：「司寇欺騙我，以往他告訴我：國家的管治，必以孝道為先。現在懲罰一個不孝子，以教育民眾盡孝，不是可以嗎？為甚麼又要赦免他呢！」冉有將這番話轉告孔子，孔子歎息說：「真可悲！政府不守正道而殺戮下民，是不合常理的做法；不去教導孝道，而審理不孝的案件，是殺害無辜；三軍打敗仗，不可以斬殺士卒；牢獄管治不好，不可以隨便用刑。為甚麼？政府不推行教育，罪責不在民眾。政令散慢，但用刑嚴厲，是傷害百姓；隨時濫徵稅收，是殘暴人民；不嘗試教化，推卸責任而要求成效，是虐待他人。主政者沒有在這三種情況下犯錯，才可以馬上用刑罰。《尚書》說：『合宜的判刑和死罪，無須使你不安心。惟一要考慮的是有沒有謹慎行事。』就是說先教導，然後才用刑罰。先陳述了道德，令人們佩服；如果行不通，便請賢士來勸導；又行不通，便廢除他們的權利；仍然行不通，最後用律法的威嚴懾服人民。這樣推行三年，老百姓便會走正道了。當中有少量邪僻刁民不遵從教化，就可以依據刑罰對待，則民眾都深知罪責了。《詩經》提到：『輔佐天子，令民眾不會迷失道德方向。』因此威嚴厲政不試行，刑罰也不應該使用。現今的社會則不同，混亂的教育，繁雜的刑罰，使民眾迷糊困惑，而陷入羅網中，又馬上被制裁，因此刑罰越多，盜賊越難以制服。不高而細小的險峻，空車也不能攀登，為甚麼？因為峻峭的緣故；高山崇嶺，重載之下仍然可以登山，為甚麼？因為拉長斜坡使車緩緩爬上去。現今社會風氣，禮教墮落很長時間了，雖然有刑法，人民怎會不違犯呢？」

賞析與點評

蕭昌明提出：「不忍不教而誅」，應該是所有聖人和慈悲者的心願，人類出生時只是空白一片，君王應該好好關懷每一個子民，要刑德兼備，教導人民道德仁善，將教育工作做到最完善，這是首要的任務。不斷增加法律條規，只會令社會變得僵化。

孔子的「德政治國」理念，必須由上而下，主政者引導人民修養道德，自己當然也要以身作則。現今世界以經濟掛帥，又說法治為首，相比之下，德政治國才是根本的方法，有道德者做領導，又有良臣相助，必能達致成功。

王言解第三

本篇導讀——

這是孔子回答學生曾參的提問時的講話，主要說明作為統領天下的王者，如何不出戶牖而教化天下。明王必須「內修七政，外行三至」，「七政」是：敬老、尊齒、樂施、親賢、好德、惡貪、廉讓；「三至」是：至禮不讓、至賞不費、至樂無聲。君王自己身體力行，才可使國家昌盛繁榮，所以推行教化非常重要，領袖人物本身的修養，就是一個明確的指標。

3.1

夫道者，所以明德也；德者，所以尊道也。是以非德道不尊，非道德不明。

譯文

所謂「道」，便是要發揚光明完善的德性；所謂「德」，便是要尊崇正確大道的哲理。因此，沒有德，道便不能受到尊崇；沒有道，德性就不能光明完善地發揚。

賞析與點評

道與德的相互關係，孔子解說得非常清晰，與道家及傳統哲理一致。

3.2

曾子[1]曰：「不勞不費之謂明王，可得聞乎？」孔子曰：「昔者，帝舜左禹而右皋陶[2]，不下席而天下治。夫如此，何上之勞乎？政之不平，君之患也；令之不行，臣之罪也。若乃十一而稅[3]，用民之力，歲不過三日；入山澤以其時而無徵，關譏[4]市鄽[5]皆不收賦。此則生財之路，而明王節之，何財之費乎？」

注釋

1 曾子：曾參，字子輿，魯國人，孝行第一，被後世讚譽為「宗聖」。

2 左禹而右皋陶：舜做皇帝時，大禹和皋陶已經在左右輔助他，大禹治水有成，皋陶執掌刑法。

3 十一而稅：十分抽一的稅，百分之十的稅率。

4 關譏：要查驗的關卡。譏，檢查，查問。

5 市鄽（粵：前；普：chán）：市場，市集。

譯文

曾參問：「不勞累不耗費，稱為英明君王，請老師講解給我聽。」孔子說：「往時，舜帝有大禹和皋陶在左右輔助，無須離開坐席奔波，而天下太平。這樣，君王何須勞累？政治不平穩，是君王的禍患；法令不能推行，是大臣的罪過。如果抽十分之一的稅，徵用民力，每年不超過三日，適當時節入山，在湖澤捕魚狩獵，並不收稅，開設關卡市場，也不抽稅。這些都是生財的方式，而英明的君王節省使用，財富怎會浪費呢？」

賞析與點評

孔子理想中的聖王，準則不高：一、有賢臣輔弼，勤於政務，推行法令；二、德政平穩，不埋藏禍患，不積壓民怨；三、賦稅低微，少用民力；四、增加民眾收入，按時免稅捕魚狩獵，開展自由貿易，藏富於民；五、聖王自己節用省儉，身體力行，積聚國家的財富儲備。

3·3

孔子曰：「上敬老，則下益孝；上尊齒[1]，則下益弟；上樂施，則下益寬；上親賢，則下擇友；上好德，則下不隱；上惡貪，則下恥爭；上廉讓，則下恥節，此之謂七教。七教者，治民之本也。政教定，則本正矣。凡上者，民之表也，表正則何物不正？是故人君先立仁於己，然後大夫忠而士信，民敦俗璞，男愨[2]而女貞。六者，教之致也。布諸天下四方而不窕[3]，納諸尋常之室而不塞。等之以禮，立之以義，行之以順，則民之棄惡如湯之灌雪焉！」

注釋

1 尊齒：尊敬年長的前輩。齒，代指年齡，年長的人。

2 愨（粵：確；普：què）：老實心純而謹慎。

3 窕：怨，怨懟。

譯文

孔子說：「在上位的人敬愛老人，老百姓便更加孝敬父母；在上位的人尊重長輩和長幼秩序，老百姓便更加尊敬兄長；在上位的人樂善好施，老百姓便更加寬厚扶貧；在上位的人親近德才兼備的賢士，老百姓便會選擇益友結交；在上位的官員喜好修養品德，老百姓便不會隱瞞壞事；在上位的人憎惡貪污，老百姓便會以爭奪為可恥；在上位的人廉潔禮讓，老百姓便會以斤斤計較小利小節為可恥。這便稱為七教。這七教，是管治人民的本根。政制和教育確定了，國家的基礎本位便是正確的。一切在上位的人，都是人民的標準法規，標準法規正直，還有甚麼不正直呢？因此君主自己要先樹立仁義，然後大夫就會忠勇，而士卿就會誠信，人民敦親睦鄰，社會風俗樸實儉約，男子謙恭女子堅貞。這六方面的情況，是教化所導致的良好結果。將七教推廣到國家任何角落，人民都不會有怨聲，使七教納入平常老百姓的家庭，也不會有任何阻力。全部人都用禮來規範行為，用義來建立人間關係以至社會公義，順應民心和社會風氣來行事，那麼人民拋棄罪惡就像把熱水灑在雪堆上一樣容易了！」

賞析與點評

道德是人際關係互動所形成的，君主必須作模範。內修七教，國力便能大增，七教的成效有六種情況：人君先立仁於己、大夫忠、士信、民敦俗樸、男慤、女貞。君主以身作則，因為所有子民都仰望着君主。

3·4

曾子曰：「敢問何謂三至？」孔子曰：「至禮不讓而天下治；至賞不費而天下士說；至樂無聲而天下民和。明王篤行三至，故天下之君可得而知，天下之士可得而臣，天下之民可得而用。」

譯文

曾子說：「請容許我冒昧地提問，甚麼是三至？」孔子說：「最好地發揮『禮』的教化作用，就無須有謙讓的舉動或虛偽的外表，每個人都依循自己本份的禮去做，天下便會治理太平；設立最大的獎賞，而國家卻沒有耗費特別多的錢財，出眾的人可以領賞，賢明的讀書人便會非常愉悅；最好的音樂流行在民眾之間，雖然無聲無影，但天下的人民都受到陶冶，大家和諧共樂。英明的君王，能夠徹底實行這『三至』，那麼天下各國的諸侯，都知道德政的成效而與之結交；天下的賢明讀書人，都願意成為他的臣子；天下的民眾，都願意聽從他的命令，替他服務。」

賞析與點評

這是君王的德政與外行的圓融，彰顯了明君的大智慧。人民信任君主，隨時可以為國效勞，奮不顧身。

3.5

孔子曰：「古者明王，必盡知天下良士之名；既知其名，又知其實，又知其數[1]及其所在焉。然後因天下之爵以尊之，此之謂至禮不讓而天下治。因天下之祿以富天下之士，此之謂至賞不費而天下之士說。如此，則天下之民名譽興焉，此之謂至樂無聲而天下之民和。故曰：所謂天下之至仁者，能合天下之至親也；所謂天下之至知者，能用天下之至和者也；所謂天下之至明者，能舉天下之至賢者也。此三者咸通，然後可以征。是故仁者莫大乎愛人，智者莫大乎知賢，賢政者莫大乎官能[2]。有土之君，修此三者，則四海之內，供命而已矣。夫明王之所征，必道之所廢者也。是故誅其君而改其政，弔其民而不奪其財。故明王之政，猶時雨之降，降至則民說矣。是故行施彌博，得親彌眾，此之謂還師衽席之上。」

注釋

1 數：技術，技能。

2 官能：以有才能的人出任官職。

譯文

孔子說：「古代英明的君王，必然全部知道天下之間所有賢良讀書人的名字；既知道他們的名字，又知道他們的實際德才，也知道他們技能的程度，以及他們居所的情況和地點。然後依循國家的爵位，尊敬地禮聘他們任職，令他們發揮才能，使國家昌盛，這便是最高的禮聘賢士，最終令國家推行禮治，而天下太平。用國家職位的俸祿，獎賞出眾的讀書人，讓他們獲得金錢的回報，過着富裕的生活，這便是最高的獎賞，沒有令國家額外花費，而天下的讀書人都愉悅了。這樣，天下的人都重視聲譽，人民都追求美好，就像音樂無聲地流行，民眾都和諧共樂。所以說：天下最仁慈的人，能夠結合天下間最愛護他和親近他的人；天下最明智的人，能任用天下使百姓和睦的人；天下最英明的人，能夠舉薦天下最賢德的人。這三方面的情況，都能夠全部通達無阻，然後可以派兵出征。因此，仁慈的人，最大的德性就是愛人；有智謀的人，最大的智慧，就是知道和結交賢德的人；最賢良的君主，就是禮聘賢士做官。有國土的君王，做好這三件大事，那麼天下的人只有共同服從命令，沒有擾民了。英明君王征伐的國家，必然是荒廢道德的國家。所以誅殺它的君王，更改它的政治制度，安撫他的人民，不奪去他們的財產。所以英明君王的政教好像及時雨，降落以後，人民便得到愉悦了。所以，他推行的政教，施惠的地方越廣博，得到民眾的愛戴越多，這便是王師出征能得勝還朝的原因。」

賞析與點評

「仁者莫大乎愛人」，仁者是最高的聖王，愛人如己，萬民擁戴；「智者莫大乎知賢」，優秀的智謀者，和賢士交往，維繫優秀的智囊團隊；「賢政者莫大乎官能」，優異的政治家，能夠任命有才幹的人做官，安頓好內外政治，治國然後平天下。這是非常重要的次序，否則外戰內亂，老百姓最受苦，戰爭得不到民眾的擁護，亦會失敗。

大婚解第四

本篇導讀——

儒家重視禮教，通過禮的實踐，達到教化修身的目標。人類注重婚禮，除了擴大宗族和綿延子嗣外，也要顧及兩性關係，以及人性慾望的自然需求。本篇是孔子和魯哀公討論婚禮意義的對話，其中主要講述了人道的重要性，所以有「夫婦之禮，人倫之始」的講法。夫婦之間，互相要有「愛」、「敬」，家庭是國家的基本單位，所以君主要由「敬妻」做到「敬身」，更進一步把「敬親」、「敬天」連接起來，作為天人合一的一種途徑。這一完整的婚姻生命觀，很值得現代人參考。

孔子侍坐於哀公[1]。公曰：「敢問人道孰為大？」孔子愀然[2]作色而對曰：「君之及此言也，百姓之惠也，固臣[3]敢無辭而對？人道政為大。夫政者，正也。君為正，則百姓從而正矣。君之所為，百姓之所從；君不為正，百姓何所從乎？」公曰：「敢問為政如之何？」孔子對曰：「夫婦別，男女親，君臣信。三者正，則庶物從之。」

注釋

1 哀公：魯定公的兒子，後來想削弱大臣三桓（魯桓公的後人：孟孫氏、叔孫氏、季孫氏）的勢力，反而被圍攻，流亡鄒國等地而死。

2 愀（粵：悄；普：qiǎo）然：嚴謹慎重的樣子。

3 固臣：低微的臣子，鄙臣。謙詞。

譯文

孔子陪坐在魯哀公旁邊，哀公問他：「想請問人的道德範疇哪樣最重要？」孔子嚴謹而改變面色，回答道：「君王提出這問題，真是老百姓的幸運啊。鄙臣哪敢怠慢而不回答？人類的道德以政教最重要。因為政教的意義，就是公正。君王公正，百姓便跟着得到公正。君王的言行，百姓是會跟從的；君王做得不公正，老百姓跟他學甚麼呢？」哀公說：「請問如何做好政教的工作？」孔子回答：「夫婦有不同的職責和位置，清楚男女親愛的禮節和道理，君臣之間要秉持忠信。這三件事做到公正，萬事萬物便會跟着順暢。」

賞析與點評

身教、家教、政教為教育三大範疇，現代社會政教可稱為「境教」，政府以領導社會環境為任務，建設美好幸福樂土，包括外在環境的硬件建設，也包括心靈文化及社會風氣的軟件建設。

4.2

公曰：「寡人雖無能也，願知所以行三者之道，可得聞乎？」孔子對曰：「古之為政，愛人為大；所以治愛人，禮為大；所以治禮，敬為大；敬之至矣，大昏為大；大昏至矣，冕[1]而親迎；親迎者，敬之也。是故君子興敬為親，捨敬，則是遺親也；弗親弗敬，弗尊也。愛與敬，其政之本與。」

注釋

1 冕：帝王或諸侯的禮帽。古代以衣冠為禮儀，冠帽要配合身份和禮服。這裏可借指所有婚禮的禮帽。

譯文

魯哀公說：「我雖然沒有才能，很願意了解施行這三個目標的方法，你可以告訴我嗎？」孔子回應說：「古代推行政教，以愛護人民為最大的目標；管治國家，就是做好愛護人民的工作，用禮教最為重要；施行禮教，以尊敬最為重要；尊敬的最極致表達方式，以婚姻最為重要；婚姻要達到最好，要有最好的婚禮，戴上冠冕穿着禮服，然後親自迎娶；親自迎娶的禮儀，就是最尊敬的方式。因此有道德的人，互相禮敬，便有親和，捨棄禮敬，便是拋掉親和；不親不敬，就不能夠互相尊重。因此愛與敬，就是政教的根本。」

賞析與點評

婚禮是古代六禮之一，禮的精粹是「敬」，將敬身、敬親、敬妻、敬天相結合，便是身心一體。「敬」的核心是「愛」，敬與愛相輔相成，是治國的根本。

孔子曰：「天地不合，萬物不生；大昏、萬世之嗣[1]也，君何謂已重焉？」孔子遂言曰：「內以治宗廟之禮，足以配天地之神；出以治直言之禮，足以立上下之敬。物恥則足以振之，國恥則足以興之，故為政先乎禮，禮其政之本與！」

注釋

1 萬世之嗣：萬世，形容世世代代。嗣，繼承，接續。

譯文

孔子說：「天地不相合，萬物便不能生長；諸侯的婚禮，影響到世世代代的繼承接續，君王為甚麼說會過重呢？」孔子坦率直言：「在內而講，君王可以主持宗廟祖先的祭禮，足夠配合天地的精神；在外與其他國家往來，處理政教的禮制事務，足以建立上下尊卑的恭敬典範。大臣如果做了可恥的事，以禮教教導他，振奮他的精神，國君如果做了有愧於心的醜事，以禮教令他改正，重新興起國家的良好風氣。因此推行政治，首先要注重禮教，禮就是政教的根本啊。」

賞析與點評

孔子指出，婚禮的隆重不會過分，敬禮天地社稷，成為宣揚禮敬上下的榜樣。君臣做出可恥的事，可以用禮來加以振興補救，所以政教的根本是禮，而需用婚禮作為示範的藍本，不能鬆懈和輕忽。

4·4

公曰：「君子何貴乎天道也？」孔子曰：「貴其不已也。如日月東西相從而不已也，是天道也；不閉而能久，是天道也；無為而物成，是天道也；已成而明之，是天道也。」公曰：「寡人且愚冥，幸煩子志之心也。」孔子蹴然避席而對曰：「仁人不過乎物，孝子不過乎親。是故仁人之事親也如事天，事天如事親，此謂孝子成身。」

譯文

魯哀公說：「有道德學問的人，為甚麼珍視天道呢？」孔子說：「珍視的是它能生生不息，不停止地永遠活動。好像日來月往，太陽從東方升起，向西方落下，永不休止，這便是天道；不受阻礙而沒有停止運行，可以永恆長久，這便是天道；

不強求做作，而萬物自然地成長，這便是天道；已經成熟長大，而引導萬物光明茂盛，這便是天道了。」哀公說：「我本人的確愚昧冥頑，希望你能夠打開我的心竅，再講清楚，令我明白。」孔子恭敬地站起來，離開他的坐席，面對哀公說：「仁慈的人，做事不會犯錯，孝敬父母的兒子，不會在雙親前有過失。因此仁慈的人侍奉雙親，猶如侍奉天地，對待天地，猶如對待自己的雙親，是裏外一致的，這就是我所講的孝子要全面完成個人道德修養。」

賞析與點評

天道的可貴有以下數點：一、永遠自然暢順地運動，例如太陽東西而行，從沒有停頓；二、不會受到任何事物所阻擋，長久地活動；三、不做作而成就萬物，平等無私；四、對已經成形的事物，令他們發揚光大。君子要學習天道的寬宏大量和能力博厚，成為自己修身進德的指標。

君子由自重「敬身」開始，孝親而不傷身，成就道德修養，外向成為禮，稱為「成身」，然後光顯父母宗族，達到「成親」，三者互相連繫並相互影響。

儒行解第五

本篇導讀——

儒者這個名詞，在孔子以前，是指讀書人，學習修養和各種技藝，是知識分子，但沒有官職。孔子除了倡導教育的普及化，也重視知識分子的自我形象提升。他要求學生的行為，就是一個儒者的行為。後世以孔子學說為儒家哲理，跟隨的人就是儒者。本篇記述孔子深入闡明儒者行為的要點：自立、儀容、備預、近人情、特立、剛毅、為士、憂思、寬裕、舉賢援能、特立獨行、規為、交友、尊讓，充分樹立了讀書人的氣節，既嚴格又恰到好處，值得現代人參照反省。

孔子在衛[1]。冉求言於季孫曰：「國有聖人，而不能用，欲以求治，是猶卻步而欲求及前人，不可得已。今孔子在衛，衛將用之。己有才而以資鄰國，難以言智也。請以重幣延之。」季孫以告哀公，公從之。孔子既至，舍[2]哀公館焉。公自阼階[3]，孔子賓階[4]，升堂立侍。

注釋

1 衞：衞國，初時建都在朝歌（今河南省淇縣），於衞懿公時被狄人攻擊，齊國相救而遷都於楚丘（今河南省滑縣），此後國勢漸弱。

2 舍：住宿，用作動詞。

3 阼階：東階，東邊的臺階，主人的位置。

4 賓階：西階，古時賓主相見，賓自西階上。

譯文

孔子在衞國，冉求告知季康子說：「國中有道德高尚的聖人，而不能任用他，想得到良好的統治，猶如倒退而行，卻要求比前面的人快速，根本不可能。現今孔子在衞國，將受到衞國重用，我們自己有人才而成為鄰國的資源，難以說是明智的方針。請用厚禮迎聘他回國。」季康子轉告魯哀公，哀公聽從了。孔子回來後，住在哀公的客館，哀公站在東階，孔子在西階而上，行賓主相見之禮，然後正式登上殿堂，孔子站在旁邊陪伴。

5.2

公曰：「夫子之服，其儒[1]服與？」孔子對曰：「丘少居魯，衣逢掖[2]之衣；長居宋，冠章甫[3]之冠。丘聞之：君子之學也博，其服以鄉。丘未知其為儒服也。」公曰：「敢問儒行？」孔子曰：「略言之，則不能終其物[4]；悉數之，則留更僕[5]未可以對。」哀公命席。

注釋

1 儒：《說文解字》：「柔也，術士之稱」，指有特殊技術的人，孔子懂得禮樂騎射數術，都是專業技術。

2 逢掖：衣袖寬闊的服裝。

3 章甫：商代的一種冠帽。

4 終其物：徹底地講述事物的情況。

5 更僕：換班調動僕人，比喻時間很長。

譯文

魯哀公說：「先生你穿的服裝，是不是儒服呢？」孔子回答說：「我年少時就住在魯國，穿着寬大袖掖的服裝；長大後住在宋國，戴上緇布做的冠帽。我聽聞：有道德修養的人，學識博大，但會按照當地生活習慣，穿當地的衣服。我不知道是不是儒者的服裝。」哀公說：「請問儒者的品行標準是怎樣的？」孔子說：「講得太過簡略，便不能全面解釋；全面陳述，便要留下僕人加班，直至深夜，也不可以全部回答清楚。」哀公命人為孔子設置席位。

5.3

孔子侍坐，曰：「儒有席上之珍以待聘，夙夜強學以待問，懷忠信以待舉，力行以待取；其自立有如此者。儒有衣冠中[1]，動作慎，大讓如慢，小讓如偽；大則如威，小則如媿[2]；難進而易退也，粥粥[3]若無能也；其容貌有如此者。儒有居處齊難，其坐起恭敬，言必誠信，行必中正；道塗不爭險易之利，冬夏不爭陰陽之和；愛其死以有待也，養其身以有為也；其備預有如此者。」

注釋

1 衣冠中：中等的衣冠服飾。

2 小則如媿：對待小事情小問題，也有「愧不敢當」的謹慎態度。

3 粥粥：謙虛柔弱不敢妄動。

譯文

孔子站在座位旁邊，說：「儒者陳列着古代的善政美言，隨時等待着君王的垂詢；夜以繼日地勤奮學習，等待君王的發問；心懷貞忠誠信，等待君王的舉薦；努力地進德修業，等待君王的任用。他們是這般的自立。儒者的衣冠與普通人一樣，但行動謹慎，推辭禮讓大事情的時候，或許使人感覺有點傲慢，推辭禮讓小事情的時候，或許使人感覺有點虛偽；在大原則上，威嚴認真，小是非的事情上，他謙恭低下；要他進入仕途為官，他要小心選擇賢君，要他退隱，他輕易放棄名利，表面上看來沒有才能；而且他的容貌，又如此普通而已。儒者的日常起居生活，也是整齊端莊，他坐立都恭謹敬慎，不敢輕佻浮躁，言語必定有誠信，行動做事必定中立正直；在道路上，不會避開險要，而爭奪平坦有利的路徑；冬天不爭陽氣和暖的位置，夏天不爭陰涼和順的位置；不怕犧牲，要等待有公義的情況到來；護養自己的身心，準備有一番作為；他事前的預備工作，是詳盡到如此細微。

5·4

儒有忠信以為甲胄[1]，禮義以為干櫓[2]；戴仁而行，抱義而處；雖有暴政，不更其所；其自立有如此者。

注釋

1 甲胄：將士的鎧甲。

2 干櫓：小盾牌和大盾牌。

譯文

儒者擁有忠貞誠信，作為保護自己的鎧甲，手握禮節公義，作為衞護盾牌；頭上頂戴着仁慈而行動，堅守和懷抱着道德而生活；雖然遇上殘暴的政府，也不改變他的操守和志願；他自己定立善良的志向，品德行為是多麼的堅定。

夫溫良者，仁之本也；慎敬者，仁之地也；寬裕者，仁之作也；遜接者，仁之能也；禮節者，仁之貌也；言談者，仁之文也；歌樂者，仁之和也；分散者，仁之施也。儒皆兼而有之，猶且不敢言仁也；其尊讓有如此者。

譯文

溫和善良，是仁的根本；慎行敬愛，是仁的基礎；寬鬆厚裕，是仁的行動；謙遜待人接物，是仁的藝術才能；禮儀恭節，是仁的容貌；言語談吐，是仁的文采；歌舞音樂，是仁的和氣；分物散財，是仁的施惠。儒者都能夠兼而有之，尚且不敢自以為達到「仁」的境界。儒者對人的尊敬和禮讓，是多麼的完善。

賞析與點評

本篇生動地敘述了儒者應該具有甚麼樣的道德行為。儒者，人格是獨立的，姿態是禮讓的，戴仁而行，抱義而處，雖有暴政，也不逃避。孔子還特別提出「仁」的各種要素，將仁搭建成一個有完整結構的體系。

問禮第六

本篇導讀——

本篇深入全面地回答有關禮的各種問題。古代的禮，是一種社會共通的禮法，輔助正規的法律條文，禮作為無形的法律，大家共同遵守，否則社會就會混亂。孔子闡述禮的發展過程，由「始於飲食」，以至養生送死等情況，中華文化在社會進程中，開啟禮的功能，成為禮義之邦，蘊藏着豐富的精神內涵。

孔子曰：「丘聞之：民之所以生者，禮為大。非禮，則無以節事天地之神焉；非禮，則無以辯[1]君臣、上下、長幼之位焉；非禮，則無以別男女、父子、兄弟、婚姻、親族、疏數之交焉。是故君子以此為尊敬，然後以其所能[2]教順百姓，不廢其會[3]節。既有成事，而後治其文章黼黻[4]，以別尊卑上下之等。其順之也，而後言其喪祭之紀，宗廟之序。品其犧牲，設其豕腊，脩其歲時，以敬祭祀，別其親疏，序其昭穆[5]，而後宗族會宴，即安其居，以綴恩義。卑其宮室，節其服御，車不雕璣，器不雕鏤，食不二味，心不淫志，以與萬民同利。古之明王，行禮也如此。」

注釋

1 辯：此處通「辨」，辨別、區分。

2 所能：所擁有的才能，此處指禮教。

3 會：人與人之間的相會見面。

4 黼黻（粵：斧弗；普：fǔ fú）：禮服上所繡的紋飾。

5 昭穆：宗廟之內，排列在始祖左方為昭，即一世、三世等，右方為穆，即二世、四世等。

譯文

孔子說：「我聽聞，在人們生活中，禮是最重大的事情。沒有禮，就不能夠以禮節事奉天地的神靈；沒有禮，就不能區分君臣、上下、長幼的高低位置；沒有禮，就不能辨別男女、父子、兄弟、婚姻、親族的親疏程度，以便有秩序地交往。因此，有修養的君子，把禮看得非常重要，並用他所了解的禮教來引導百姓和順相處，不會廢除會面的禮節。等到禮的教化有了成效之後，定立條文篇章，以至禮服上的刺繡紋飾，用來分別尊卑、上下的等級。制度逐漸暢順，然後談論喪事、祭禮的紀律以及祖先宗廟的禮序。安排好祭祀用的犧牲，佈置好祭祖用的乾肉，每年按時舉行嚴肅的祭禮，以表達對神靈、祖先的尊敬之心，區別血緣的親疏，排定昭穆的次序。然後宗親族人一起宴會，使大眾有安居樂業的生活，連繫大家的恩情仁義。房屋住得卑陋，衣服馬車簡樸，車上不作雕刻裝飾，器皿沒有花紋，只吃一種葷菜，不被淫亂迷惑意志，與蒼生同享利益。古代英明的君王，就用這種辦法推行禮教。」

賞析與點評

禮，是孔子認為人類活動最重大的一個環節。禮始於飲食，用以共同分享食物，接着是人與人的相會交際，然後是養生送死，以至敬拜祖先鬼神之禮，可見孔子的宏觀視野。「禮」賦予生命教育正確的指標和路線圖，推行禮樂教育，不能死板，必須踐履篤實。首先「君子以此為之尊敬」，由自己的學習經歷開始，了解箇中道理，「然後以其所能，教順百姓」，才可以用來推行禮樂教育。現代人不守禮，不推行禮儀，因為本身私慾多，社會變成混亂一片，是非混淆。

6.2

言偃[1]問曰：「夫子之極言禮也，可得而聞乎？」孔子言：「我欲觀夏道，是故之杞，而不足徵[2]，吾得《夏時》[3]焉；我欲觀殷道，是故之宋，而不足徵也，吾得《坤乾》[4]焉。坤乾之義，《夏時》之等，吾以此觀之。夫禮初也，始於飲食。及太古之時，燔黍[5]擘豚[6]，汙罇而抔飲[7]，蕢[8]桴[9]而土鼓，猶可以致敬於鬼神。及其死也，升屋而號，曰：『高！某復。』然後飲腥[10]苴熟[11]，形體則降，魂氣則上，是為天望而地藏也。故生者南嚮，死者北首，皆從其初也。昔之王者，未有宮室，冬則居營窟，夏則居橧巢[12]；未有火化，食草木之實、鳥獸之肉，飲其血，茹其毛；未有絲麻，衣其羽皮。後聖有作，然後脩火之利；範金合土，以為臺榭、

宮室、戶牖；以炮以燔，以烹以炙，以為醴酪，治其絲麻，以為布帛；以養生送死，以事鬼神。故玄酒在室，醴、醆[13]在戶，粢醍[14]在堂，澄酒在下，陳其犧牲，備其鼎俎，列其琴、瑟、管、磬、鐘、鼓，以其祝嘏[15]，以降其上神，與其先祖；以正君臣，以篤父子，以睦兄弟，以齊上下，夫婦有所，是謂承天之祜[16]。」

注釋

1 言偃：字子游，是孔子的學生，以文學為專長，曾任官職於魯國，推行禮樂教化頗有佳績。

2 徵：驗明證實。

3 《夏時》：夏朝的曆法書籍。以泰卦為歲首正月（寅月），合乎否極泰來的意義，由漢代沿用至今天。

4 《坤乾》：殷代流行的易學《歸藏》版本，以坤為首，與《周易》以乾為首有差別。

5 燔黍：將黍放在石頭上燒熱，原始的用火煮食方式。

6 擘豚：把豬肉撕裂分開。

7 汙樽而抔飲：當時沒有酒壺類的器皿，便挖地穴而製酒，用手掬酒來飲。

8 蕢：泥土加上一些物料。

9 桴：擊鼓的鼓槌，木棒加上蕢。

10 飲腥：放生黍於死者口內，稱為含禮。

11 苴（粵：追；普：jū）熟：以苞苴包着煮熟的肉，作為送靈之用。

12 橧巢：古代用木建築的樹上居室。

13 醆：白酒。

14 粢醍：穀類製成的紅酒。

15 祝嘏：祝禱的文辭語句。

16 祜：福分，或作「祐」，護持，福祉。兩字寫法接近，意思稍有分別。

譯文

言偃問道：「老師極力主張禮教，可不可以告訴我們當中的道理呢？」孔子說：「我想考察夏朝時候的禮制大道，因此去了夏代後人的杞國，但資料是不可信的，我在那裏得到夏朝的曆法書藉；我想考察殷商時候的禮制大道，因此去了殷人後裔的宋國，但資料少而且不可信，我在那裏得到陰陽易理的書。從陰陽易理的意義，和夏朝的曆書中，我考察了古代的禮制原則。禮的發生，開始於日常生活的飲食之中。遠古的年代，沒有釜甑的器皿，把米殼除掉，撕開肉類，放在石頭上，加烈火而煮熟，在地上挖坑做酒，然後使用雙手飲酒。以荊藤造鼓槌，打大小不同的石頭為鼓，仍然可以向鬼神誠心致敬。當人死後，親人爬上屋頂，號哭並叫着：『你在高處，某某要回來呀。』然後將生米放入死者口中，用草苴包裹屍身，把形體下葬地底，魂魄靈氣上升回天，便是望天招魂，入地埋葬。因而生人面向南方，表示歸陽，死者頭部向北，表示歸陰，都是依着古代的方法。過往的王帝，沒有宮殿房屋，冬天住在地洞，夏天住在樹上的窩棚；沒有用火煮食，食草木的果實，捕捉鳥獸，連毛帶血而食；沒有絲綢織麻，穿着羽毛獸皮。後來的智者有所發明，懂得用火生活；用金屬造模具，製成陶器，作為樓臺、宮殿、房屋建做的物料；以火燒烤食物，烹調各種菜色，釀製甜酒和醬菜，細心編織絲綢麻線，成為布疋和綢緞；以這些事物來生活，而且舉辦喪禮送別死者。所以放置清米酒在室內，甜酒和白酒設在屋內，穀酒擺列在堂前，淡酒在堂下。陳設着牲畜，預備各種菜餚，安放琴、瑟、管、磬、鐘、鼓等樂器，吟誦着祝禱文詞，用以迎接天上的神仙，與祖先一起降臨；以這些禮儀，明正地分出君臣的位置，加深父子的慈孝，使兄弟的感情和睦，統一各種尊卑的禮節，夫婦之間的位置要明確，這便是承接上天賜予的幸福蔭佑。

賞析與點評

孔子非常細心研究古代的生活習慣。古人的秩序，逐漸成為有規範的禮節，用以分配飲食和養生送死，並作為人性化的禮儀，表達內心的情感。禮的發展和完善，就是中華民族的文明智慧進程。

五儀解第七

本篇導讀——

各種族群或社會階層，在不同場合有不同身份，都有儀態禮節的區別，「五儀」是指人的五個等次，包括：庸人、士人、君子、賢人和聖人。孔子詳盡地闡明這些人的品德和行為，當然希望君主認清庸人，切勿重用這類沒有才能的人。而且更進一步指出選取人才的辦法，並強調國家的興旺與滅亡，都在於推行政教的官員，可見取人用才的重要性。

〔哀公〕曰：「然則章甫約履[1]，紳帶[2]搢笏[3]者，皆賢人也？」孔子曰：「不必然也。丘之所言，非此之謂也。夫端衣玄裳[4]，冕而乘軒[5]者，則志不在於食君[6]；斬衰[7]菅菲[8]，杖而歠[9]粥者，則志不在於酒肉。生今之世，志古之道；居今之俗，服古之服，謂此類也。」

注釋

1 約履：鞋頭有鉤形設計，可綁鞋繩。
2 紳帶：士紳較寬大的腰帶，古式有一端下垂，並有尺寸規限。
3 搢笏：將笏枝插入紳帶內，故「縉紳」為古代士大夫的雅稱。
4 端衣：端正的上衣，是祭祀用的禮服。玄裳：黑色的下衣。
5 軒：一種有彎曲車前木的車輛，卿大夫及諸侯夫人所使用。古代用牲畜拉車，車前木稱為轅，用作套綁畜牲。
6 君：葷菜或肉食。
7 斬衰（粵：崔；普：cuī）：是喪服的一種。
8 菅菲：草鞋。
9 歠：通「啜」，啜飲。

譯文

魯哀公說：「這樣講，穿着殷商的冠帽鞋履，衣服有紳士的腰帶裝飾，都是賢人了？」孔子說：「不一定啊！我所講的並非這個意思。一個人穿上端正禮服，黑色的下裳，戴冠帽坐名貴的車輛，他的志向不在於葷食美饌；穿着粗麻喪服和苞茅草鞋時，扶着拐杖而飲粥水，他的意志不在於酒肉豐盛。生於現今世代，志向推行古人的道德禮樂，居住於今時的俗世社會，穿着古代的禮服，所講就是這類人。」

7.2

孔子曰：「人有五儀：有庸人，有士人，有君子，有賢人，有聖人。審此五者，則治道畢矣。」公曰：「敢問何如斯可謂之庸人？」孔子曰：「所謂庸人者，心不存慎終之規，口不吐訓格之言，不擇賢以託其身，不力行以自定；見小闇大，不知所務；從物如流，不知其所執。此則庸人也。」

譯文

孔子說：「人有五種不同的類型：有普通的庸人，有讀書的士人，有良好修養的君子，有優秀才能的賢士，有高尚道德和淵博學問的聖人。審視清楚這五類人，便可以完善治理的方法了。」魯哀公說：「請問怎麼樣才算是庸人？」孔子說：「被稱為庸人的人，內心沒有謹慎小心，做事沒有貫徹始終的規範，口裏沒有說過聖賢的訓誨，沒有講過合理的說話，不選擇賢人作為自己學習的對象，沒有身體力行自己既定的目標；見到小事，細察內容，對於大事，便糊裏糊塗不去思辨，更不知道自己在做甚麼事；聽到別人的閒話，記憶得像流水的快速，做事做人，卻不知道要堅持哪些原則。這便是庸人。」

賞析與點評

能夠觀察細微，明白每一個人的品德操守，並不是一件容易的事，作為領導者必須自我培訓，使這種能力壯大，才可以組合有效率的團隊，做一番事業。

7·3

公曰：「何謂士人？」孔子曰：「所謂士人者，心有所定，計有所守，雖不能盡道術[1]之本，必有率[2]也；雖不能備百善之美，必有處[3]也。是故知不務多，必審其所知；言不務多，必審其所謂；行不務多，必審其所由。知既知之，言既道之，

行既由之，則若性命之形骸之不可易也；富貴不足以益，貧賤不足以損，此則士人也。」公曰：「何謂君子？」孔子曰：「所謂君子者，言必忠信，而心不怨；仁義在身，而色無伐[4]；思慮通明，而辭不專；篤行信道，自強不息，油然若將可越，而終不可及者，此則君子也。」

注釋

1 道術：道德學術的才能。

2 率：遵循的規則和路向。

3 處：常規基礎。

4 伐：誇耀，炫耀。

譯文

魯哀公說：「甚麼是士人？」孔子說：「被稱為士人的人，內心已有穩定的原則，計劃有自己的目標，雖然不能充分掌握道德學術的根本，但做事有一定的遵循規則和路向；雖然不能具備盡善盡美的優點，但是有一定的良好常規基礎。因此他不在於知道很多，但必定審慎深入，了解自己的知識；言語不在於多說，但必定審慎明白所講的核心見解；做事不在於很多，但必定審慎明了行動的理由。已經在知識上獲得智慧，在言語上明白道理，在行為上明了理由，便好像生命依附在形體中，不可以改變了；富貴來臨，他沒有得到益處，貧賤在眼前，也不會令他損失，這便是士人。」哀公說：「甚麼是君子？」孔子說：「被稱為君子的人，言語必定忠誠而有信用，心裏沒有怨氣；仁慈公義在他身中，而沒有炫耀的神情；思維和考慮問題，非常通達明朗，而說話沒有專橫跋扈；徹底地實行自己的理想志願，堅信禮教道德，自己不斷進德修業，緩慢得似乎別人隨時能超越他，但最終卻無法趕上他。這便是君子。」

賞析與點評

君子已經具備一定的修養，仁義忠信的美德都在身上煥發出來，思辨能力通明清晰，自強不息地篤實行道，學習和尊重其他的專業人士，立身於世非常穩定，能安心立命。

7·4

公曰：「何謂賢人？」孔子曰：「所謂賢人者，德不踰閑[1]，行中規繩[2]，言足以法於天下，而不傷於身；道足以化於百姓，而不傷於本；富則天下無宛財[3]，施則天下不病貧。此則賢者也。」

注釋

1 踰閑：超越範疇。
2 規繩：規矩繩墨，即是法律規則條文。
3 宛財：宛，通「蘊」，積蓄。積蓄私人的財產。

譯文

魯哀公說：「甚麼是賢人？」孔子說：「被稱為賢人的人，品德操守，不會超越禮制的範疇，行為完全合乎法律，他的言語，可以使天下人效法，因為言行一致，所以不會約束了自己；他的道德，可以教化老百姓，因為內外一致，所以不會損害了自己。他雖富有，自己仍舊沒有積蓄私人財產；恩施天下的人，人民就不會有貧窮和疾病。這便是賢人。」

賞析與點評

賢人達到行、住、坐、臥都是中庸大道，努力為百姓，但不會執著於名利而傷害自身，靈活處事，自然令大眾得到安居樂業。

7.5

公曰：「何謂聖人？」孔子曰：「所謂聖人者，德合於天地，變通無方[1]，窮萬事之終始，協庶品[2]之自然，敷其大道，而遂成情性。明竝日月，化行若神，下民不知其德，覩者不識其鄰。此謂聖人也。」

注釋

1 無方：沒有特定的方法，或沒有極限的方法。

2 庶品：庶，眾多的物類。一切的物類群品。

譯文

魯哀公說：「甚麼是聖人？」孔子說：「被稱為聖人的人，道德融合天地，無須有特定的方法，悠然閒雅，便可以變通一切，應付事物，明白萬事萬物的終始循環道理，協調一切物類群品的自然和諧，通貫宇宙大道，隨緣救濟眾生，舒展人民的本來情性。他的光輝與日月同明，廣施惠澤，教化的行為有如天地的精神，無處不在，出神入化，而人民卻不知道他的恩德，見到他在旁邊，卻不知他是聖人，也不知道他施行恩德的範圍有多大。這便是聖人。」

賞析與點評

孔子觀察入微，詳述聖人、賢人、君子、士人、庸人這五類人的性格操行，不在乎表面的衣冠美餚，而在於他們內心的志願情操。希望君王賞識賢能，遠離小人，用人唯德。賢人心懷大志，以道德禮樂教化民眾，堅貞不二，當然是一種好模範。

7.6

哀公問於孔子曰：「請問取人之法。」孔子對曰：「事任於官，無取捷捷[1]，無取鉗鉗[2]，無取啍啍[3]。捷捷、貪也；鉗鉗、亂也；啍啍、誕也。故弓調而後求勁焉，馬服而後求良焉，士必愨而後求智能者焉。不愨而多能，譬之豺狼不可邇。」

注釋

1 捷捷：非常敏捷能言善辯，反應很快，貪功勞要表現自己。

2 鉗鉗：信口開河，隨便說話，造成混亂。

3 哼哼：胡言插嘴，干擾他人的談話，荒誕無禮的舉動。

譯文

魯哀公向孔子問：「請問選取用人的方法。」孔子對他說：「官員要選擇能夠負責任的人，不能選用能言善辯的人，不能選用亂語妄言的人，不能選用隨便亂說的人。能言善辯，容易貪功急進；亂語妄言，容易成為亂臣賊子；隨便亂說，容易炫耀自己，行為荒唐怪誕。因此學會調較弓弩，才去選擇強勁良弓；學會馴服馬匹，才去選擇良駒；讀書人必定要誠實，然後從中選取那些有智慧有能力的人。如果不是誠實樸素謹慎，技藝才能多了，便好比豺狼一樣，到處危害別人，不可以再接近他。」

卷二

致思第八

本篇導讀——

本篇的特色，就是有十七個小故事，通過這些具體事例及細節，透現各種不同思想。其中有子路、顏淵和子貢，各人表述自己的志願，突顯人生有志向的重要性。通過孔子和學生的談話和討論，除了多方面認識孔子的哲理思想外，也感受到一位和藹可親的老師，婉轉溫馨的語調，諄諄告誡他的學生，開啟他們明辨道德的思維，生動而具體。學生在耳濡目染的氣氛中學習、思辨，就是最好的教學相長。

魯有儉嗇[1]者，瓦鬲[2]煮食食之，自謂其美。盛之土型[3]，以進孔子，孔子受之，歡然而悅，如受大牢[4]之饋。子路曰：「瓦甂[5]、陋器也；煮食、薄膳[6]也。夫子何喜之如此乎？」夫子曰：「夫好諫者思其君，食美者思其親；吾非以饌具之為厚，以其食厚而我思焉！」

注釋

1 儉嗇：儉約，省儉。
2 鬲（粵：力；普：lì）：古代一種炊具，像鼎而小，有三個空心足，有陶製和青銅製兩種。
3 土型：一般載物的器皿。
4 大牢：豬、牛、羊三牲並用來祭祀，稱為大牢。
5 瓦甂：瓦製的闊口盆。
6 薄膳：微薄清淡的飲食。

譯文

魯國有一個非常儉約的人，用瓦做的器皿煮菜食用，自稱美味。用土製器皿盛載，獻給孔子，孔子接受而且歡喜愉悅，好像接受了三牲的獻禮食品。子路說：「只是瓦盆及簡陋的器具，平常的淡薄食品。老師為何如此喜悅？」孔子說：「願意進諫言的人，思念君主；吃到好東西的人，思念他的親人。我並非以食物和器具為厚禮，只因為他吃到好食物而思念我！」

賞析與點評

本篇中的小故事，在劉向的《說苑》有所記載。這個小故事，令人想到自己品嚐美食佳餚時，還是要想想父母親人，關懷他們在遠方的起居飲食。另一方面，接受他人饋贈時，情意最為重要，不在乎東西多少。

8.2

孔子曰：「王者有似乎春秋[1]。文王[2]以王季為父，以太任為母，以太姒為妃，以武王[3]、周公[4]為子，以太顛、閎夭為臣，其本美矣。武王正其身以正其國，正其國以正天下，伐無道，刑有罪，一動而天下正，其事成矣。春秋致其時，而萬物皆及，王者致其道，而萬民皆治。周公載己行化[5]，而天下順之，其誠至矣。」

注釋

1 **春秋：**代表一年自然氣候的流轉，仁政也同樣有規律地運作。

2 **文王：**周文王，姓姬，名昌。在殷商末期，是一個小部落的領袖，有仁德的政績，令虞、芮部族歸附，黎、邘兩部落稱臣。國勢漸強，而被殷紂囚禁於羑里。

3 **武王：**周武王，在牧野戰勝紂王，而開創八百年的周朝，以禮樂為教。

4 **周公：**武王的弟弟，佐兄長滅商，平定武庚的叛亂，其後制禮作樂，開創分封制度。

5 **載己行化：**用自己的身軀載着大道，奔走推行教化於天下。

譯文

孔子說：「仁德的君王政治，好像按照春夏秋冬四季的自然運作。文王有王季為父親，有太任為母親，有太姒為王妃，有武王、周公旦為兒子，有太顛、閎夭為良臣，他的基業非常美好。武王端正自己的身心，然後公正地治國，國家端正之後，再以公正推行於天下，討伐無道的國家，以刑罰處置有罪的人，一點兒些微的推動，天下便得到公正安定，他的事業也有成就了。春夏秋冬四季在恰當的時間到臨，萬物的成長都受到潤澤，仁義的君王實踐道德禮教，萬民都得到幸福。周公踐行大道，身心力行教化，而天下順暢，他的忠誠達到最高點了。」

孔子謂伯魚[1]曰：「鯉乎！吾聞可以與人終日不倦者，其惟學焉。其容體不足觀也，其勇力不足憚也，其先祖不足稱也，其族姓不足道也；終而有大名，以顯聞四方，流聲後裔者，豈非學者之效也？故君子不可以不學，其容不可以不飭。不飭無類[2]，無類失親，失親不忠，不忠失禮，失禮不立。夫遠而有光者，飭也；近而愈明者，學也。譬之汙池，水潦[3]注焉，雚葦[4]生焉，雖或以觀之，孰知其源乎？」

注釋

1 伯魚：孔子的兒子，名鯉，字伯魚。比孔子早死，五十歲便病逝。

2 類：端正的模樣，最低限度入於士類為讀書人，相反衣冠不整的人，不知道他的身份類別。

3 潦：雨水。

4 雚（粵：恒；普：huán）葦：蘆葦。

譯文

孔子對他的兒子伯魚說：「鯉兒呀！我聽聞可以與其他人一起，整天不會疲倦，唯有學習而已。一個人的容貌和身體，沒有甚麼值得看，他的勇猛強力，沒有令人害怕，他的祖先們，沒有令人稱讚的地方，他的宗族，沒有使人讚揚的事件，但他終於得到偉大的名聲，顯赫地頌揚四方，流傳聲譽於後代，這不是學問的效果嗎？所以君子不可以不勤奮學習。他的儀容，不可以不修飾，不修飾不能成為君子群體的榜樣，不是君子的群體，沒有人會親近你，沒有人親近你，也講不上對你忠誠，對你不忠的人，自然對你無禮，人人對你無禮，你便沒有立足的地方。在遠處已經見到你的光彩，因為你有修飾儀容，與你近處接觸，感覺你對事物的眼光明朗，因為你有學問。譬如一個池塘，雨水自然注入，蘆葦就在池裏生長，雖然有些人看見這種狀況，但有誰知道它的源頭呢？」

賞析與點評

學習的重要人人皆知，但孔子諄諄善導自己的兒子，深入淺出地說明學習的影響，可以延伸至整個人生的意義，非常有見地。

三恕第九

本篇導讀——

《三恕》以第一章的主題作篇名。「三恕」是指三種人際關係，包括：君臣之間，父子之間，兄弟之間。第二章談及「三思」，指出三種情況：少年時，要思索長大的情況；年老時，要思索死後留下哪些經驗；富有時，思索窮人的苦況。這些質樸的人生問題，每個人都必定會遇到，孔子精闢的説明，令人感受到他的學問巍峨聳立，猶如山的巔峰，可望而不可即。

孔子曰：「君子有三恕。有君不能事，有臣而求其使，非恕也；有親不能孝，有子而求其報，非恕也；有兄不能敬，有弟而求其順，非恕也。士能明於三恕之本，則可謂端身矣。」

譯文

孔子說：「有道德修養的人，有三方面寬恕的表現。自己不能忠誠對待君主或上司，有下屬卻要求他們被任意不禮貌使喚，不是寬恕厚道；有雙親而不能盡孝，有子女卻要求他們回報感恩和孝敬，不是寬恕厚道；有兄長不能對他恭敬，有弟妹卻要求他們恭順服從，不是寬恕厚道。讀書人能夠明白寬恕厚道的本源，是忠貞、孝順、悌敬，便是一位端正身心，有修養有學問的君子了。」

賞析與點評

一般人的理解，只是別人有錯，我接受他的道歉，便算是寬恕。孔子談論寬恕，非常有深度，包含厚道的寬懷。現代人有「輸打贏要」的心態，好結果搶着要分享，壞事情便推到他人身上。自己不忠貞對上司或君主，便推說君主沒有智慧、對下屬不公平、呼喝下人等等理由，這種不平衡的心理人格，把自己的道德理性撕裂了。恕人恕己，是一種寬鬆的態度，可以平衡個人的內心修養。

9.2

孔子曰：「君子有三思[1]，不可不察也。少而不學，長無能也；老而不教[2]，死莫之思也；有而不施，窮莫之救也。故君子少思其長則務學，老思其死則務教，有思其窮則務施。」

注釋

1 三思：三個重要問題，必須思慮。

2 教：教育自己的子孫。

譯文

孔子說：「有道德修養的人，對三個重要問題，不可以不細心考察。年少時不努力學習，長大後便沒有才能；年老時沒有把自己的經驗學識傳授給下一代，死後人們都不知道思念你；有錢財的時候而不施捨，自己窮困時便得不到救助。因此有道德智慧的人，少年時已經想到長大後的情況，會勤奮學習；老年的時候想到死後的境況，會勤奮於教育工作；富有時則想到窮困，會勤於施捨窮人。」

賞析與點評

有道德修養，必定有智慧的增添，深思反省，可以看透自己人生的未來，這是君子的人生態度，他的生命將延續於日後的時間和歷史當中，難以磨滅。

9.3

伯常騫[1]問於孔子曰：「騫固周國之賤吏也，不自以不肖[2]，將北面[3]以事君子，敢問正道宜行，不容於世；隱道[4]宜行，然亦不忍；今欲身亦不窮，道亦不隱，為之有道乎？」孔子曰：「善哉，子之問也！自丘之聞，未有若吾子所問辯且說也。丘嘗聞君子之言道矣，聽者無察，則道不入；奇偉不稽，則道不信。又嘗聞君子之言事矣，制無度量，則事不成；其政曉察，則民不保。又嘗聞君子之言志矣，剛折不終，徑易者則數傷，浩倨[5]者則不親，就利者則無不敝。又嘗聞養世之君子矣，從輕勿為先，從重勿為後，見像而勿強，陳道而勿怫。此四者，丘之所聞也。」

注釋

1 伯常騫：是東周朝廷的小官吏。
2 不肖：沒有能力才華，不才。
3 北面：向他人稱臣，自卑要事奉君主。
4 隱道：過隱居的生活，歸隱而修養道德道學。
5 浩倨：簡慢驕傲，疏慢而傲視的態度。

譯文

伯常騫向孔子問：「我原是周國的小官吏，不認為自己是沒有能力的，準備向有道的君主盡忠，因此向你請教。大膽地請問，正直的行為，檢點地做官，但不被現世社會容納；想隱居而守護道德，又沒有這種果斷退出社會的心境；現今我希望境遇既不窘迫，又能發揚道德，這樣做，有沒有好的方法呢？」孔子說：「太好了，你問得非常恰當！自從我周遊天下，與其他人交談，聆聽見解，從來未有像你所問，有明確思辨的言詞，說得非常清晰。我聽聞有道德修養的人，他們談論政治問題，聽的人如果不明白，你所說的道理是不會進入聽者的內心；如果你說的奇異偉論，又不能查閱考據，便沒有人相信你的道理。又曾經聽聞有道德修養的人，他們談論政府事務，如果沒有制度衡量，便做不成所有事情；如果政策繁瑣和苛刻，則人民不知所措，無法安居樂業。又曾經聽聞有道德修養的人，他們談論志向理想和操守，過於剛強會折斷，不能堅持到最後；以為行捷徑容易，便會傷害自己的操守；過於簡慢驕傲，別人便不會親近你；只貪婪於利益的人，沒有一個人不把事情做成敗壞的結果。還有曾經聽聞在做官而且有道德修養的人說，面對困難問題和事件，不能搶着輕易的事去做，走在前面；另一方面，不能逃避重大事件，躲在後面；法律公佈後，切勿強制民眾去做；陳述道理意見，不能有違反法令的情況。這四種不同狀況，是我曾經聽聞的。」

賞析與點評

孔子這段話包含着幾個方面的內容。

理論方面：一、聽的人要細心明白，才能接受；二、內容不能奇異，要有依據理由，才可信。做事方面：一、制度要完善，事情才會成功；二、政策不能繁瑣和苛刻，否則民眾的安定幸福得不到保證。志向方面：一、過於剛烈強求，會折斷而不能持續；二、過於輕率魯莽，反而會多次傷害自己的道德誠信；三、傲慢而簡疏地鄙視他人，沒有人與你親和融洽；四、以利益為前提去計較，只會破壞所有事情和自己的意願。

孔子曰：「吾聞宥[1]坐之器，虛則攲[2]，中則正，滿則覆。明君以為至誡，故常置之於坐側。」顧謂弟子曰：「試注水焉。」乃注之水，中則正，滿則覆。夫子喟然歎曰：「嗚呼！夫物惡有滿而不覆哉！」子路進曰：「敢問持滿有道乎？」子曰：「聰明叡智，守之以愚；功被天下，守之以讓；勇力振世，守之以怯；富有四海，守之以謙。此所謂損之又損之之道也。」

注釋

1 宥：通「侑」，或「右」。令人望而生戒心，有座佑銘的作用。

2 攲：同「攲」，通常底部尖形，要用支架弔起懸掛，盛水到中間未滿的時候，穩定平正，水滿自動傾斜。

譯文

孔子說：「我聽聞在座位右邊的器皿，沒有水便傾斜，不多不少，它便端正直立，滿載了會傾覆倒反。英明的君王，用來作為最好的警誡，因此時常放置在座位的旁邊。」孔子回顧各人，向學生說：「試一試放水進去。」於是放水進去，中度份量的時候，端正直立，滿載的時候，傾覆反倒。孔子歎息地說：「啊！哪有事物滿了，而不傾覆呢！」子路走上前說：「請問要保持注滿的情況，有甚麼辦法？」孔子說：「聰敏明銳，接近聖人的智慧，必須安守在愚拙；功蓋天下的偉業，必須安守在禮讓；勇猛力壯，震撼世界各國，必須安守在怯懦低下；擁有四海巨大的財富，必須安守在謙卑恭敬。這便是謙抑自損的方法，自損滿溢，謙虛又要再損，是最好的辦法。」

賞析與點評

「欹」是古代一種很有智慧的器具，用作警惕勸誡的工具，非常有啟發性，當中所盛載的水，更令孔子推崇水性圓善，滿招損，謙受益。不論自己有多高的才學，對他人都要敬重，因為一山還有一山高。大智若愚，大功則讓，大勇若怯，大富則謙，就是自保身心的要訣。

好生第十

本篇導讀——

本篇首章就直接指出「好生惡殺」，傳統中華文化的道德思想，都有好生的觀念。所謂「生生大德」，第一個「生」字，是生長的動詞意義，第二個是生命。使生命完善地成長，是一種高尚的道德，一個人自己能夠完善道德，是君子，協助他人完善道德的修養，是一位好老師，是愛好生命的良師。本篇說明愛惜生民，反對用刑罰誅殺的方式管治社會秩序，這是仁者的理想。進一步的好生，對萬物而言，就是每種生物都展現自身的美妙生命，自由地散發精彩的姿色，這是環保的意義，所以中華文化的宇宙整體觀，很早就有環保思想。

孔子曰：「舜之為君也，其政好生而惡殺，其任授賢而替不肖，德若天地而靜虛[1]，化若四時而變物；是以四海承風[2]，暢於異類，鳳翔麟至[3]，鳥獸馴德。無他，好生故也。君捨此道而冠冕是問，是以緩對。」

注釋

1 靜虛：清靜無慾。

2 承風：接受教化。

3 鳳翔麟至：鳳凰在飛翔，麒麟到來，喻意吉慶祥瑞的徵兆。

譯文

孔子說：「舜帝做君王時，他的政治是愛惜生民和一切生靈，厭惡刑殺，他任用官員，授予賢士職位，取替不肖無能的人；他的德行好像天地的高厚，而且寧靜謙虛；接受教化好像四季，暖和適中使萬物逐步變更。因而四海內外，都接受他的教化風氣，在遙遠的異族，也能夠暢行他的教化，吉祥的鳳凰麒麟都出現，鳥類禽獸都得到馴服。沒有其他原因，就是愛惜生民的德行。你捨棄此種正途，而只問配戴冠帽的情況，因此我沒有即時回答。」

曾子曰：「狎甚[1]則相簡[2]，莊甚則不親。是故君子之狎足以交歡，其莊足以成禮。」孔子聞斯言也，曰：「二三子志之！孰為參也不知禮也？」

注釋

1 狎甚：過於親昵。

2 相簡：互相簡慢沒有禮節。

譯文

曾子說：「太親密，互相之間便會怠慢從簡，太過莊嚴，彼此不能親近。因此有道德修養的人，親密的程度，能夠令對方歡喜，不會感到簡慢；莊嚴的程度，能夠令雙方完成所有禮節，然後親近。」孔子聽聞這番話，說：「你們幾位同學記着！誰說曾參不知道禮的內涵。」

賞析與點評

曾子明白中庸恰當的禮，確實是一位賢者。現今社會的交往，完全沒有禮節，所以男女關係混亂，但親密只能維持短暫的時間，因為交朋友無深度，沒有真情，沒有共同話題，只有表面的熱情而已。

哀公問曰：「紳委[1]章甫，有益於仁乎？」孔子作色而對曰：「君胡然[2]焉！衰麻[3]苴杖[4]者，志不存乎樂，非耳弗聞，服使然也；黼黻[5]衮[6]冕者，容不褻慢，非性矜莊，服使然也；介冑[7]執戈者，無退懦之氣，非體純猛，服使然也。且臣聞之，好肆[8]不守折[9]，而長者不為市，竊[10]夫其有益與無益，君子所以知。」

注釋

1 委：黑色絲綢所做成的冠帽，是周朝的禮帽之一。

2 胡然：糊塗或胡亂。孔子對着君王說話，語調較輕，則近於感歎或反問的語氣。

3 衰麻：麻布所做的喪服。

4 苴杖：父母喪禮所用木或竹製的扶杖。

5 黼絨：同「黼黻」。禮服上所繪畫和刺繡的花紋。

6 衮：大夫或帝王的高級禮服。

7 介冑：穿戴軍用的鎧甲和頭盔。

8 好肆：善長於經營的商人。

9 守折：折損虧本。

10 竊：細心觀察，或者在較隱蔽的地方察看。

譯文

哀公問：「束着士紳的腰帶，戴上商、周的禮帽，能否有益於施行仁政？」孔子帶着生氣的面色回答：「君王何故有此胡話呢？穿上麻布喪服和手持扶杖，內心的意志已經不存在快樂，並非耳朵不能聽聞，是服裝使他如此；穿戴錦繡禮服冠冕的人，容貌不可褻瀆怠慢，並非性格虛假嚴肅莊重，是服飾使他如此；全副鎧甲頭盔，手執矛戈的將士，沒有退縮恐懼的氣息，並非本身純粹的威猛，是裝束使他如此。而且我聽聞，善長經營的商人不會虧本，而厚道敦實謹慎的人不做生意。細心觀察，當中的有益與無益，有道德修養的人是可以知道的。」

賞析與點評

孔子推崇禮樂教育，希望生命循正道成長，而有所成就。他觀察人類性情在生命歷程中的變化，實地考察，明白衣冠是禮儀最重要的部分，直接影響言行，是禮節的外在約束。

10.4

孔子謂子路曰：「君子以心導耳目，立義以為勇；小人以耳目導心，不愻[1]以為勇。故曰：退之而不怨，先之斯不從已。」

注釋

1 愻：謙虛。

譯文

孔子對子路說：「有道德修養的人，以心思辨別善惡，客觀地引導聽覺和視覺的資訊，樹立正義為威勇的依據；小人用表面的耳目接收訊息，以此作為是非的思想指導，認為不謙虛便是勇敢。因此講：君子被解除職位而退任，不會埋怨，把他放在前列，或作危險的先鋒，他不會不服從。」

賞析與點評

「不愻以為勇」，勇武的人，是為了維護正義，決不隨便出手用武力，才是真正的勇士。小人則帶有威嚇性地耀武揚威，逼迫他人接受自己的所有方式和想法。

10.5

孔子曰：「君子有三患[1]。未之聞，患不得聞；既得聞之，患弗得學；既得學之，患弗能行。有其德而無其言，君子恥之；有其言而無其行，君子恥之；既得

之而又失之，君子恥之；地有餘而民不足，君子恥之；眾寡均，而人功倍己焉，君子恥之。」

注釋

1 患：憂患意識，預早察覺到的憂慮。

譯文

孔子說：「君子有三種憂患意識。未有聽聞高尚的道理，憂心不能聽得到；聽到之後，憂心不能學得好；學習優良之後，憂心不能實行得很好。有了道德的實踐功夫，而沒有表達的言詞，君子認為是可恥的缺憾；有表達的言詞理論，而沒有真正實踐的品行，君子認為是可恥的缺憾；既然掌握了學問智慧，又很快忘記，君子認為是可恥的缺憾；有了寬廣的土地，人民聚居的數量不足，君子認為是可恥的缺憾；交賦稅和服兵役，人人均等，但別人獲得的功績，比自己多出一倍以上，如果原因在於自己，君子認為是可恥的缺憾。」

賞析與點評

憂患意識，是君子所具備的廣闊思維，三患五恥，都是君子和主管人員反思的重要指引，知恥近乎勇，可以看到自己改進的空間。

卷三

觀周第十一

本篇導讀——

周朝在開創時期的一切，都是孔子所嚮往的事物。孔子問禮於老聃，尊稱老子為龍，接受了他的教誨，並且參觀了明堂和太廟，親眼目睹、親身感受周朝禮樂制度的遺澤。在考察這些文物之間，他也非常注重禮樂文化的興亡，研究其中的得失，更堅定了他的仁學思想和德政理論。

孔子有沒有向老聃學習過，這曾是儒道兩家爭論的一個焦點。不管有無此事，孔子無疑是中國歷史上最好學的人，他喜歡向天下萬事萬物學習，他所遇到的聖賢也不少。

孔子謂南宮敬叔[1]曰：「吾聞老聃[2]博古知今，通禮樂之原，明道德之歸[3]，則吾師也。今將往矣。」對曰：「謹受命。」遂言於魯君[4]曰：「臣受先臣[5]之命云：孔子，聖人之後[6]也，滅於宋[7]。其祖弗父何，始有國而受厲公，及正考父[8]，佐戴、武、宣[9]，三命[10]茲益恭。故其鼎銘[11]曰：『一命而僂[12]，再命而傴[13]，三命而俯，循牆而走，亦莫余敢侮。饘[14]於是，粥於是，以餬其口。』其恭儉也若此。臧孫紇[15]有言，聖人之後，若不當世[16]，則必有明德而達者焉。孔子少而好禮，其將在矣，屬臣：『汝必師之。』今孔子將適[17]周，觀先王之遺制，考禮樂之所極，斯大業也。君盍以乘資之？臣請與往。」

公曰：「諾。」與孔子車一乘、馬二匹，豎子侍御，敬叔與俱至周。問禮於老聃，訪樂於萇弘[18]，歷郊[19]社[20]之所，考明堂[21]之則，察廟朝之度。於是喟然曰：「吾乃今知周公之聖，與周之所以王也。」及去周，老子送之，曰：「吾聞富貴者送人以財，仁者送人以言。吾雖不能富貴，而竊仁者之號，請送子以言乎！凡當今之士，聰明深察而近於死者，好譏議[22]人者也；博辯閎達而危其身，好發人之惡者也。無以有己[23]為人子者，無以惡己[24]為人臣者。」孔子曰：「敬奉教。」自周反魯，道彌尊矣。遠方弟子之進，蓋三千焉。

注釋

1 **南宮敬叔**：魯國一位大夫，望族出身，為孟僖子的兒子。

2 **老聃**：統稱老子，楚苦縣（現在河南鹿邑）人士，姓李，名耳，字聃。著有《道德經》（或稱《老子德道經》）五千餘言，後人以此而成道家學派。

3 **歸**：宗旨的方向。

4 **魯君**：當時是魯昭公在位。

5 **先臣**：先父，即孟僖子，也是魯國大夫，因此稱「臣」。

6 **聖人之後**：孔子先祖是宋國人，屬於殷商貴族的後裔。

7 **滅於宋**：孔子的祖父孔父嘉，在宋國已是第六代後人，卻被宋督所殺，孔子的父親才逃到魯國。

8 **正考父**：是弗父何的曾孫。

9 **戴、武、宣**：當時宋國的三位君王。

10 **三命**：因官位不同而有分別，卿三命，大夫二命，士一命。

11 **鼎銘**：古人把有功德勳業的事跡，銘刻在鼎上記錄，以示尊崇。

12 **僂**：背部彎曲的人，形容人在彎腰敬禮。

13 **傴**：比僂的彎度更深，恭敬程度加大。

14 饘（粵：氈；普：zhān）：較濃的稀飯。

15 臧孫紇：臧孫是姓，字武仲，魯國大夫，亦做過司寇，幫助季武子，被揭發陰謀叛亂，逃到邾國，最後死於齊國。

16 當世：能夠在這個時候做官。

17 適：前往。

18 萇（粵：腸；普：cháng）弘：春秋時周敬王大夫，因支持晉國黨派內爭，最後被殺。

19 郊：冬至祭天地。祭禮在郊外搭建較高的祭壇上舉行。

20 社：夏至祭天地。社，是土地的神祇。

21 明堂：政府最高級的禮堂，用作宣佈政教命令，慶典和選士等場所。

22 譏議：用譏諷的方式議論不當的政令。

23 無以有己：身體是父母所賜，不能有自己個人自私的想法。

24 無以惡己：別人不接受自己的言論，便退隱下來，不要勉強而令人憎惡自己，連累家庭的名聲。

譯文

孔子對南宮敬叔說：「我聽聞老聃有博古通今的學問，通曉禮樂教化的原理，明白道德的宗旨，便是我的老師了。現在我準備去拜訪他。」南宮敬叔對他說：「謹遵您的吩咐。」然後南宮敬叔對魯昭公說：「我受先父的命令說：孔子，是商湯聖人的後裔，他的祖先曾經在宋國做官，後來逃走到魯國。他的先祖弗父何，是閔公的長子，應該承繼君主的上位，但他禪讓給弟弟厲公，傳至他的曾孫正考父，輔佐戴公、武公、宣公，三朝輔政，地位越高，便更加恭敬謙遜。所以他的鼎上銘刻着：『第一次任命為士，低着頭，再任命為大夫時，躬身彎背，第三次任命為卿時，身體俯伏在地下，貼近牆壁急行，沒有人敢侮辱他。這個鼎用作煮粥，普通的粥已經足夠，令我餬口飽腹。』他的謙恭節儉，已經做到這樣好的地步。臧孫紇曾經說，聖人的後裔，如果自己不在國家做官，他的後代必定有明德的賢士，成為顯達的人才。孔子從少年時，開始愛好學習禮樂，將來可能應驗在他身上。父親叮囑我：『你一定以他為老師。』現在孔子將要前往東周都城，觀察先王遺留的典章制度，考察禮樂的發展，如何達到極點，這是一件偉大功業。君王可否資助他的車馬費用？我可以陪他一同前去。」

昭公說：「好。」給了孔子一輛車、兩匹馬，連同隨從和車伕，南宮敬叔便和孔子，一起到達東周。向老聃請教「禮」，拜訪萇弘請教「樂」的學問，經過郊區祭祀天地的地方，考證宣講政教的明堂，視察宗廟朝廷各種法度規則。於是孔子讚歎說：「我直至現在，才清楚知道周公的智慧聖明，周朝興旺的原因。」孔子準備離開東周，老子親自送行，說：「我聽聞富貴的人，會送人錢財，仁慈的人，會送人金玉良言。我雖然沒有富貴，但暫時竊取仁慈的雅號，讓我送給你幾句話吧！現今一般的讀書人，有聰明才智，看問題也深入觀察，但往往陷入死亡邊緣，因為他們喜歡批判，譏諷評議他人；學問博大，雄辯滔滔，宏闊通達的見解，往往就會身陷危機，因為喜歡發掘他人的惡行醜事。作為人家的兒子，身體是父母的，必須保留，作為人家的臣子，不怕別人的政治攻擊，要做便做到最好，不做便退隱，切勿令他人憎恨你，要保存自我，保存孝道和忠節。」孔子說：「恭敬地領受您的教誨。」一行人由東周返回魯國，他的道德學問，更受到尊重。遠方到來求教的學生，大約有三千多人。

賞析與點評

孔子是聖人，正因為他是人，由人而至聖者，必須有超越一般人的能力，首先是努力學習而不厭倦。尋找真理和尊重先聖的智慧，自己竭力去實行，躬身向前輩恭敬問禮樂，虛心好學，將見聞融貫於學問當中，作為行世應用的實學。再傳遞這些精粹予後人，展現聖者的高尚風範，成為萬世楷模。

孔子觀周，遂入太祖后稷[1]之廟，廟堂右階之前，有金人[2]焉。參緘[3]其口，而銘其背曰：「古之慎言人也，戒之哉！無多言，多言多敗；無多事，多事多患。安樂必戒，無所行悔。勿謂何傷，其禍將長；勿謂何害，其禍將大；勿謂不聞，神將伺人。焰焰[4]不滅，炎炎若何；涓涓不壅，終為江河；綿綿不絕，或成網羅，毫末不紮[5]，將尋斧柯。誠能慎之，福之根也。口是何傷，禍之門也。強梁者不得其死，好勝者必遇其敵。盜憎主人，民怨其上。君子知天下之不可上也，故下之；知眾人之不可先也，故後之。溫恭慎德，使人慕之；執雌[6]持下，人莫踰之；人皆趨彼，我獨守此；人皆或之，我獨不徙；內藏我智，不示人技；我雖尊高，人弗我害；誰能於此？江海雖左，長於百川，以其卑也；天道無親，而能下人。戒之哉！」

注釋

1 后稷：是周人的祖輩，對農業和種植很有研究，在虞舜期間，曾做過農業部門的官員，教導群眾耕稼，被譽為第一位種植稷和麥的人，故稱為后稷。

2 金人：用銅鑄造的人像。古代稱黃銅為吉金或金，銅的熔解度低，是人類最早使用的金屬。

3 參緘：三層密封。比喻語言必須謹慎。參，通「叁」。

4 焰焰：強而小的火，火苗。

5 紮：拔除。

6 執雌：堅執柔弱的道理和行為，不與他人爭鬥。

譯文

孔子抵達東周，到處觀光，進入周朝太祖、后稷的廟祠，廟堂右面階梯之前，有一個銅鑄的吉金人像。有三層密封在口部上面，他的背部刻銘着字句：「這位是古代很小心謹慎說話的人，大家要警戒着自己！不多言語，多言語多失敗；不要多事，多事會多禍患。在安定快樂的時候，必定記着警戒自己，沒有因為行為差錯而後悔。切勿說沒有傷人，會因此把禍患延長；切勿說沒有害人，會因此把禍患擴大；切勿說沒有人聽聞，上天隨處都在看管着你。火焰剛開始，你不把火撲滅，到火勢猛烈時，就不知怎麼辦；水流微細時，你不去堵塞，最終會成為大水的江河；細微的線條，不把它切斷，或者會被織成羅網；幼苗微嫩的時候，不把它拔除，將來要用斧頭才能斬斷。能夠謹慎，便是幸福的根基。說話過多不是沒有傷害，是禍患的大門打開了。強暴的人，都得不到善終，好勝的人，必定遇到強敵。盜匪憎恨主人，阻止他偷東西，人民埋怨上級領導，沒有安定的生活。君子知道天下的龐大，不會高高在上，因此謙卑低下；君子知道有眾多的賢士，因此不會搶先，而退在後面。溫和恭敬，謹慎品德，會使人仰慕；堅持柔順低下，人們反而不能超越；眾人都趨向熱鬧，我獨自守着寧靜的道德；眾人都到別處了，我獨自不遷徙；內心貯藏着我的智慧，在別人面前，不顯示自己的技能；我雖然在尊貴的高位，別人也不會傷害我。有誰能謹慎到如此情況？江海雖然在低下的位置，但可以長久而產生百川，因為它處在卑下的地位；上天的大道不論親疏，但扶持能夠謙虛低下的人。要小心警戒啊！」

賞析與點評

謹言慎行而志於道，是孔子的重要教誨。因為有閱歷的人，都會明白言語的破壞能力，大於說服他人的功能，一位學識才能都淺薄的人，隨時講錯道理被人譏諷。行為錯誤，更會傷害到別人，最終自己也會受到傷害。堅持學道、行道、修道，從中獲得學習的樂趣，便是最大的幸福。

孔子見老聃而問焉，曰：「甚矣！道之於今難行也。吾比執道，而今委質以求當世之君，而弗受也。道於今難行也！」老子曰：「夫說者流於辯，聽者亂於辭，知此二者，則道不可以忘也。」

譯文

孔子見到老聃便請問他，說：「到極點了！道德的學問，在現今真是難以推行。我堅持執著大道的學問，恭敬地攜帶禮品，求見當代的君王，但沒有人接受這種見解。道德的學問，在現今真是難以推行！」老子說：「講說道理的人，過於辯論細節，聽說話的人，被太多的專有名詞擾亂得迷糊，知道這兩方面的失誤，在講述道德學問時，不可以忘記。」

弟子行第十二

本篇導讀——

本篇由子貢介紹孔門弟子的言行，當中都是有所成就的人，值得我們學習。有顏回的不貳過；子路的不侮矜寡，不畏強禦；冉雍的不深怨、不遷怒、不錄舊罪；曾參的實而如虛，滿而不盈；高柴的方長不折，啟蟄不殺；卜商的上交下接，送迎必敬；冉求的好學博藝；顓孫師的貴位不善，美功不伐；公西赤的齊莊好禮；澹臺滅明的貴之不喜，賤之不怒；宮縚的公言仁義，獨居思仁；言偃的動則不妄，先成其慮。他們的操守品行，要再三學習。

衛將軍文子[1]問於子貢曰：「吾聞孔子之施教也，先之以《詩》《書》，導之以孝悌，說之以仁義，觀之以禮樂，然後成之以文德。蓋入室升堂[2]者七十有餘人，其孰為賢？」子貢對以不知。文子曰：「以吾子常與學，賢者也。何為不知？」子貢對曰：「賢人無妄，知賢即難。故君子之言曰：智莫難於知人。是以難對也。」文子曰：「若夫知賢莫不難，今吾子親遊焉，是以敢問。」

注釋

1 衛將軍文子：衛國的「卿」級官員，姓名「公孫彌牟」。

2 入室升堂：學問和技藝達到高程度（或與老師相若）的造詣。

譯文

衛國的將軍文子，向子貢提問，說：「我聽聞孔子施行教育，先用《詩》、《書》引導他們學習孝悌的道理，跟着講解仁義的道理，觀賞和實習禮儀、音樂，然後完成整套文化道德的學習。能夠達到高水平學問和技藝的學生，約有七十餘人，當中哪些最為賢德優秀？」子貢回答說，不知道。文子說：「以你時常和他們一起學習，你又是賢才的人，為甚麼會不知道？」子貢回答說：「一位德才兼備的賢人，不會胡亂行動和說話，所以要深知一個人有沒有德才，實在很困難。因此君子會說：沒有比了解人更困難的了。因而難於回答這個問題。」文子說：「要深知一位德才兼備的人，沒有不困難的。因為你現在親身在孔子門下學習，所以我才冒昧向你請問。」

賞析與點評

孔子對學生的施教路線，結合着人的成長，是一種完整的生命教育，到今天仍然可行。

12.2

「匹夫不怒，唯以亡其身，不畏強禦[1]，不侮矜[2]寡，其言循性，其都以富，材任治戎，是仲由[3]之行也。孔子和之以文，說之以《詩》曰：『受小共[4]大共，而為下國[5]駿厖[6]，荷天子之龍，不戁不悚[7]，敷奏其勇。』強乎武哉！文不勝其質。恭老卹幼，不忘賓旅，好學博藝，省物而勤也，是冉求之行也。孔子因而語之曰：『好學則智，卹孤則惠，恭則近禮，勤則有繼，堯舜篤恭，以王天下。』其稱之也，曰：『宜為國老[8]。』齋莊而能肅，志通而好禮，儐相[9]兩君之事，篤雅有節，是公西赤[10]之行也。」

注釋

1 強禦：強暴而恃着自己擁有勢力。

2 矜：通「鰥」，年老而妻子已經死去。

3 仲由：子路，一字季路，號仲由。做過蒲國的大夫，勇猛而有軍事天才。

4 共：方法。

5 下國：細小的諸侯國。

6 駿厖：強盛的武力，此處是令小國變成強盛。厖，通「寵」。

7 不戁不悚：沒有恐懼和驚慌。

8 國老：退休的高官，經驗才能都豐富，被邀出任國家的顧問，或者尊稱已退職的卿大夫。

9 儐相：迎接賓客或贊禮的人。

10 公西赤：字子華，魯國人。曾經出使齊國，非常莊嚴有禮。

譯文

「普通的老百姓，不敢發怒，因為怕招來殺身之禍。不畏懼強暴力量，不侮辱鰥寡的弱勢社群，他的言語，順着自己的性情，他的財富充裕，他的才幹能夠帶兵打仗，這是仲由達到的德行。孔子曾經用文辭稱讚他，很高興地用《詩》中的話來稱讚他：『接受小法及大法，成為諸侯國的穩固基磐。荷載着天子的寵愛，不恐懼，不驚慌，為國家貢獻自己的勇猛忠誠。』他的強勢可以成為優秀軍人！可惜他的文采技藝，追不上他自己的本質。恭敬老人長輩，憐憫幼小，沒有忘記外來人，努力好學，博通各種技藝，體察萬物，勤奮做事，這是冉求的德行。孔子因此對他說：『努力好學，則智慧增長，憐憫孤獨，便是廣佈恩惠，恭敬對人便會接近禮義，勤奮便不會窮困，堯帝、舜帝都是堅持恭謹禮敬，就能夠成就興旺天下的功業。』若有君王重用，他便會最稱職，可以說：『適宜成為國家的顧問。』心境虛靜，神態莊重，而且能夠肅穆，意志開朗通達，而且好學禮樂，擔任儐相司禮，處理兩個國君的交誼會盟等事務，穩重優雅，合乎禮節規範，這是公西赤的德行。」

賞析與點評

孔子教導學生，必須身體力行去實踐道德，也注重日後在社會上的行為結果，是否利益大眾，並非泛道德主義者。他的學生有財經專才，有軍事家和外交家，輔佐不同國家的君王，成為當時的一流人才，共有七十二位之多。

賢君第十三

本篇導讀——

本篇其實在不同章節，都有不同的內容和要旨，有談論為政之道，有個人修身，有作為臣子的職責。社會是多元化的，每個人都有自己的崗位，要負起特定的責任，更要為自身行為的一切舉動承擔後果，當然領導的賢君，便有帶在前頭的重要作用。篇名《賢君》，並非每一篇都以君王為核心點，只是第一篇中，有魯哀公問孔子賢君的情節，故以此名篇。

哀公問於孔子曰：「當今之君，孰為最賢？」孔子對曰：「丘未之見也，抑有衛靈公[1]乎？」公曰：「吾聞其閨門之內無別[2]，而子次之賢[3]，何也？」孔子曰：「臣語其朝廷行事，不論其私家之際也。」公曰：「其事何如？」孔子對曰：「靈公之弟，曰公子渠牟，其智足以治千乘，其信足以守之，靈公愛而任之。又有士曰林國者，見賢必進之，而退與分其祿，是以靈公無遊放之士[4]，靈公賢而尊之。又有士曰慶足者，衛國有大事，則必起而治之；國無事，則退而容賢，靈公悅而敬之。又有大夫史鰌[5]，以道去衛，而靈公郊舍[6]三日，琴瑟不御，必待史鰌之入而後敢入。臣以此取之，雖次之賢，不亦可乎？」

注釋

1 衛靈公：衛國的君主，名元，衛襄公的兒子。
2 閨門之內無別：衛靈公的夫人南子，跟宋國的公子朝私通。
3 次之賢：次序放在賢者的名位內。
4 遊放之士：閒散流浪的人。
5 史鰌：史魚，衛國的大夫，以剛直諫言而有名。
6 郊舍：住在郊區的房舍，而不返回宮廷。

譯文

魯哀公向孔子提問：「現今世界上的君王，哪一位最有賢明德才？」孔子回答說：「我未有見到，或許衞靈公是吧？」哀公說：「我聽聞在宮廷之內，他們男女關係搞得一團糟，你將他放在賢君之內，是甚麼原因呢？」孔子說：「我所講的範圍，是指朝廷的公務行事，沒有談論他私人家庭的狀況。」哀公說：「那麼他做事的情況如何？」孔子回答說：「衞靈公的弟弟，叫做公子渠牟，他的智謀，可以管治一個小國，他的忠誠信用，可以守護諾言，靈公喜愛他，付以重任給他。又有一位賢士，叫做林國，當他見到賢明德才的人，必定向君王推薦，如果這位賢士不做官，他便會將自己的俸祿，分給他一部分，因而靈公管治的衞國，沒有流浪閒散的人，靈公對林國這位賢士，非常尊重。另外又有一位賢士，叫做慶足，當衞國出現重大事件，他必定挺身而出，協助治理危機事件；國家沒有危機事情，他便退職，讓職位給其他賢士，靈公非常愉悅，對他很禮敬。又有一位大夫，叫做史鰌，因為意見不同，而離開衞國，因而靈公住在郊外的房舍三日，連音樂也放下不聽，必定等待史鰌回來，他才敢回到朝廷。我用這些標準，故選取了靈公，雖然可能不是最佳的賢君，仍然把他納入賢者的行列，還是可以吧？」

賞析與點評

有賢君必須有賢臣，互相配合，國政才有興盛的可能。

13.2

顏淵將西遊於宋，問於孔子曰：「何以為身[1]？」子曰：「恭、敬、忠、信而已矣。恭則遠於患，敬則人愛之，忠則和於眾，信則人任之。勤斯四者，可以政國，豈特一身者哉！故夫不比於數[2]，而比於踈[3]，不亦遠乎？不修其中，而脩[4]外者，不亦反乎？慮不先定，臨事而謀，不亦晚乎？」

注釋

1 為身：保存自身，又受到尊重。
2 數：人的交往親近。
3 踈：疏遠。
4 脩：同「修」，修養。

譯文

顏淵想去西面的宋國遊歷，詢問孔子的意見：「怎樣可以保存自己而受到尊重？」孔子說：「恭順、禮敬、忠貞、誠信就可以了。恭順待人，可以遠離禍患；禮敬大眾，人們都喜愛你；忠於朋友，民眾與你和善；對人誠信，便有人任用你。勤懇於此四種修養，可以主政國家，豈止是保存自身呢！因此如果親人不去接近，而接觸疏遠的人，不是更遙遠嗎？不修養內心的天性，而做外表的工作，不是在走相反的路嗎？預先不思慮計劃清楚，事到臨頭，才去籌謀，不是太遲晚嗎？」

賞析與點評

顏淵是孔子最得意的門生，孔子仍然提醒他，做人處事要恭順、敬禮、忠貞、誠信，切勿為了做官，而放棄自我的道德原則。

13.3

子路問於孔子曰：「賢君治國，所先者何？」孔子曰：「在於尊賢而賤不肖。」子路曰：「由聞晉中行氏[1]尊賢而賤不肖矣，其亡何也？」孔子曰：「中行氏尊賢而不能用，賤不肖而不能去。賢者知其不用而怨之，不肖者知其必己賤而讎之。怨讎竝存於國，鄰敵構兵[2]於郊，中行氏雖欲無亡，豈可得乎？」

注釋

1 中行氏：春秋時期，晉文公授荀林父為步軍中行（統領一軍），被稱為中行氏。荀氏子孫因而掌國政，至中行荀寅反叛晉國，逃奔朝歌，自此荀氏衰落。

2 鄰敵搆兵：與鄰國交戰。搆，通「構」。

譯文

子路問孔子：「有修養的良好君主，要治理好國家，首先要做的事，是甚麼呢？」孔子說：「在於尊重有道德修養的人，而輕視沒有德才的人。」子路說：「我聽聞晉國的中行氏，尊敬有德才的人，而離棄沒有能力的人，但是他卻滅亡了，有甚麼原因呢？」孔子說：「中行氏雖然尊重有道德修養的人，卻沒有真正重用這些人才；雖然輕視沒有德才的人，卻不能辭退他們。有道德的人知道不被重用，而產生埋怨；沒有德才的人，知道被輕視，而對他極度仇恨。埋怨和仇恨並存於一個國家之內，鄰國的敵人，集結兵馬在郊外，準備交戰，中行氏雖然不想亡國，但是做得到嗎？」

賞析與點評

一個主政者，或高級行政人員，必定有很多人在他身邊。賢士希望為他出謀獻策，勇士準備為他赴湯蹈火，但小人卻是最多的，他們在找尋自身利益，同時謀害賢良的人。主政者首要工作，要有強大的執行力，必須安排賢士的工作，尊重他們，馬上摒棄大批小人，否則小人會反過來，破壞主政者的大事，陷他於不義。

辯政第十四

本篇導讀——

本篇有魯君問政、齊君問政、葉公問政等。同一個問題，在不同情境中，孔子給出了不同的回答，具有針對性和靈活性。所以用「辯政」作為篇題，成為重點。其實各章節的內容，也有涉及其他方面的問題，這是《孔子家語》早年編輯者的安排。

孔子曰：「忠臣之諫君，有五義焉。一曰譎[1]諫，二曰戇[2]諫，三曰降[3]諫，四曰直諫，五曰風[4]諫。唯度主而行之，吾從其風諫乎。」

注釋

1 譎（粵：決；普：jué）：委婉而變換方式地講話，希望較為動聽。
2 戇（粵：壯；普：zhuàng）：剛直而愚拙的樣子。
3 降：降低自己的身份，苦苦地不停地哀求。
4 風：即「諷」，以婉言隱語規勸，不用直接的言詞。

譯文

孔子說：「忠誠的臣子要勸諫君主，有五種正義的適當行為。第一是委婉地說話勸諫，第二是剛直地勸諫，第三是降低自己的身份，苦苦地勸諫，第四是爽直地詳細陳述勸諫的理由，第五是以婉言隱語來勸諫。這些方法需要測度君主的性情而選擇採用，我主張用隱語勸諫的方式啊。」

賞析與點評

人的自我形象很容易膨脹，有權位的人更容易自大驕傲。語言是一種藝術，充分運用言語的微妙力量，既可以產生規勸的作用，又不致於令上司或君主難堪。

14.2

子曰：「夫道不可不貴也。中行文子倍道失義以亡其國，而能禮賢以活其身；聖人轉禍為福，此謂是與。」

譯文

孔子說：「道德不可以不珍貴它。中行文子違背道德，失去正義逃亡他國，但是他能夠禮敬有道德的人，所以保存了性命。智者能夠轉禍為福，這件事就是好例子。」

賞析與點評

任何時候，都肩負着道德，這是對君子最基本的要求。如何用智慧去做好道德行為，必須深思熟慮，向賢者禮敬請問，永遠謙虛，就可以轉禍為福，趨吉避凶，這是道德的力量。

子貢為信陽宰，將行，辭於孔子。孔子曰：「勤之慎之，奉天之時，無奪無伐，無暴無盜。」子貢曰：「賜也，少而事君子，豈以盜為累哉？」孔子曰：「汝未之詳也。夫以賢代賢，是謂之奪；以不肖代賢，是謂之伐；緩令急誅，是謂之暴；取善自與，是謂之盜，盜非竊財之謂也。吾聞之，知為吏者，奉法以利民；不知為吏者，枉法以侵民。此怨之所由也。治官莫若平，臨財莫如廉。廉、平之守，不可改也。匿人之善，斯謂蔽賢[1]；揚人之惡，斯為小人。內不相訓，而外相謗，非親睦也。言人之善，若己有之；言人之惡，若己受之；故君子無所不慎焉。」

注釋

1 蔽賢：遮蔽賢士，埋沒他們的才幹。

譯文

子貢要去做信陽地方的首長，準備起程，先向孔子辭行。孔子說：「勤力和謹慎，依循君主的規律方針，不可奪取和攻伐別的國家，不可殘暴或偷竊民眾的財產。」子貢說：「我從年輕時就事奉您，怎會以偷盜成為自身的負累呢？」孔子說：「你未能明白我的意思。用人才替代人才，就可稱為奪取；用不道德的庸才，替代有德才的人，可稱為攻伐；法規過分寬大而判罰急躁，或者用誅殺的重刑，可稱為殘暴；隨時拿取老百姓的好東西，收為私用，可稱為強盜，強盜不一定是偷竊錢財。我聽聞，知道做一位好官，要奉公守法以利益人民；不知道做一位好官，會扭曲法律來侵害民眾。這便是怨恨的因由。管理好官員，要公平對待他們，接觸財務的時候，一定要廉潔。廉潔、公平必須堅守，不可以隨時改動。隱匿他人的善行，就稱為埋沒才幹；宣揚他人的險惡，就是沒有道德的小人。內部不能互相訓勉，而在外便發生互相誹謗，不是和睦相處的方法。談論別人的善行，好像自己也同時擁有，加以表揚；談論別人的惡行，好像自己也同時擁有，加以摒棄。所以有道德的人，所有事情都要謹慎。」

賞析與點評

孔子詳細地說明管理官員除了制度架構要良好之外，必須知人善用，不能埋沒人才。要守法而不是徇私枉法，必須公平公正公開，不可侵擾民眾，如果社會積聚怨氣，那就是政府崩潰的開始。早日解決問題，是主政者的智慧展示。

子路治蒲[1]三年。孔子過之，入其境，曰：「善哉由也！恭敬以信矣。」入其邑，曰：「善哉由也！忠信而寬矣。」至庭曰：「善哉由也！明察以斷矣。」子貢執轡而問曰：「夫子未見由之政，而三稱其善，其善可得聞乎？」孔子曰：「吾見其政矣。入其境，田疇盡易，草萊甚辟，溝洫深治，此其恭敬以信，故其民盡力也。入其邑，牆屋完固，樹木甚茂，此其忠信以寬，故其民不偷[2]也。至其庭，庭甚清閑，諸下用命，此其言明察以斷，故其政不擾也。以此觀之，雖三稱其善，庸盡其美矣。」

注釋

1 蒲：春秋時期屬於衛國，現在河南省長垣縣一帶。

2 不偷：不會偷工減料苟且做事。

譯文

子路治理蒲縣三年，孔子經過那地方，進入縣境範圍，說：「好啊，子路管理得很好！達到恭謹禮敬，而有誠信了。」進入縣城之內，說：「好啊，子路管理得很好！達到忠貞誠信，而有寬恕了。到達縣府的地方，又說：「好啊，子路管理得很好！達到細心明察，亦有英明的決斷。」子貢手執轡繩，向老師問道：「老師還未見到子路的政績，已經三次稱讚他的好處，到底他的好處在哪裏，請您説給我聽，好嗎？」孔子説：「我已經見到他的政績了。入到縣境，田地全部整理妥當，雜草都清除了，田園的水溝都挖深了，這是他恭謹禮敬，而有誠信，因此他的人民盡力工作。進入縣城，牆壁房屋都完好堅固，樹木生長甚為茂盛，這是他達到忠貞誠信，而有寬恕，因此他的人民沒有偷懶懈怠。到達縣府的地方，辦事處都是十分清閒，他的屬下辦事都非常用心，效率很高，這是他細心明察，亦有英明的決斷，因此他的政令不會騷擾民眾。從這些情況來觀察，雖然三次稱讚他美好，仍然難以講盡他的成就。」

賞析與點評

孔子指出了做官為政的三重指標：

一、恭敬以信：官員對人民恭敬有禮，不會擺官腔。官員們答應民眾的要求，都有誠信，而且安排恰當。基本民生分配均衡，衣食充裕，政府所做基本建設，都符合社會發展和民眾的需求。土地房屋規劃整齊，道路交通方便，溝渠暢順不會阻塞。

二、忠信以寬：官員都忠誠為國，絕不貪污受賄，法律條文清晰簡潔，對於長遠投資者和外來經商人士，都給予長期信用的保證，以寬大的方式處理貿易公平的法制。因此工程不會偷工減料，質量水平高，民眾為保護環境，廣種樹木，節約能源。

三、明察以斷：官員都是優秀人才，及早察見問題的產生，早作處理，防患於未然，明辨各種糾紛和訴訟，客觀判斷所有案件，人人服從政令，受到擁護。

卷四

六本第十五

本篇導讀——

理論和事情都有根本，找到根本源頭，才能使人豁然開朗，明白真實的道理。但世事複雜，要有智慧明辨的能力，才能真正掌握道理的根本，有了根本，才可以運用自如，做事做人更加順暢和恰到好處。孔子提到「六本」，人的行為有六種基礎根本，作為修養的重要方向，包括：孝為義之本，哀為禮之本，勇為戰之本，農為政之本，嗣為國之本，力為財之本。孔子的睿智言論，對今人的生活仍有所裨益。

孔子曰：「行己[1]有六本焉，然後為君子也。立身有義矣，而孝為本；喪紀有禮矣，而哀為本；戰陣有列矣，而勇為本；治政有理矣，而農為本；居國有道矣，而嗣為本；生財有時矣，而力為本。置本不固，無務農桑；親戚不悅，無務外交；事不終始，無務多業；記聞而言，無務多說；比近不安，無務求遠。是故反本脩迹[2]，君子之道也。」

注釋

1 行己：個人的行為，指立身行事。

2 脩迹：修養本源的身心，即自己的心性。

譯文

孔子說：「立身行事有六項根本性的原則要遵守，然後才能夠成為有道德修養的人。要樹立自身，成為有道義的人，用孝敬侍奉雙親，便是根本；舉行喪事，要按禮儀進行，用哀傷表達，便是根本；戰爭陣勢的設立，要排列整齊，用勇敢作為士氣，便是根本；管治政務，要有理據法制，安頓農業，便是根本；令國家安定，是有辦法的，在恰當時間確立嗣君，便是根本；產生財富，是要有時間的，用勞力勤奮增加收入，便是根本。根本不穩固，無法從事農業和種桑養蠶等工作；親戚家屬，對你都不高興，無法從事外交工作；一件事情，還沒有做到有結果的地步，無法再從事更多的業務；道聽途說而來的言談，無須再多說；近在身邊的人，你都照顧得不安定，無法使遠方的人來投靠你。因此返回根本，整理近處的事務，是有修養學問的人遵循的途徑。」

賞析與點評

做人處事，必須穩紮根基，不可捨本逐末捨近求遠。

15.2

孔子曰：「回有君子之道四焉：強[1]於行義，弱[2]於受諫，怵[3]於待祿，慎於治身。史䲡有君子之道三焉：不仕而敬上，不祀而敬鬼，直己而曲於人。」曾子侍，曰：「參昔者常聞夫子三言，而未之能行也。夫子見人之一善，而忘其百非，是夫子之易事也；見人之有善，若己有之，是夫子之不爭也；聞善必躬行之，然後導之，是夫子之能勞也。學夫子之三言，而未能行，以自知終不及二子者也。」

注釋

1 強：勉強自己，因為正義的行動必須由內心自我推動而起。

2 弱：年輕，或解作自我謙虛。因為他人的勸諫，一定是指出自己的錯誤，年輕人衝動自大，自以為成熟和有獨立判別的能力，不容易接納他人的勸告。

3 怵：戰戰兢兢，唯恐做錯事，對不起他人。

譯文

孔子說：「顏回擁有君子的四種道德：勉勵自己去做公義的行為；能夠接受別人的勸諫；誠惶誠恐地接納國家的俸祿，怕有失職的情況；謹慎自己的操守，做好修養身心的品德。史鰌擁有君子的三種道德：不做官，但尊敬君主和官員；不祭祀天地，但敬仰祖先；做人非常正直，但對人謙卑低下。」曾子在旁邊侍候，說：「我以往時常聽聞老師講的三句話，但沒有實行。老師見到人的一件善事，便忘記他有千百種錯失，這是老師很容易做到的事；見到人有善行，好像自己也有善行，這是老師不與人競爭的謙讓；聽聞有善事，必定親身去做，然後引導別人去做，這是老師不辭勞苦的身教。學了老師這三句話，卻沒有去實行，由此自知，永遠都不能達到兩位學兄的水平。」

孔子曰：「中人之情也，有餘則侈，不足則儉，無禁則淫，無度則逸，從欲則敗。是故鞭扑[1]之子，不從父之教；刑戮之民，不從君之令。此言疾之難忍，急之難行也。故君子不急斷，不急制。使飲食有量，衣食有節，宮室有度，畜積有數，車器有限，所以防亂之原也。」夫度量不可明，是中人所由之令。

注釋

1 鞭扑：受到體罰，古代有打青少年小腿的情況。

譯文

孔子說：「一般人的性情，財富充裕了便奢侈，不足夠便節儉，沒有禁令便淫亂，沒有法度便嬉戲逸樂，最後縱容於慾望而腐敗。因此受過體罰的小孩，不聽從父親的教誨；受過刑罰的民眾，不聽從君主的命令。就是說快速令人難於忍受，急躁令人難於行動。因此有道德的人，不急於判斷和下結論，不急於控制，使飲食有定量，衣服有節約，宮室有制度，積蓄有數量，車馬器具有限用，這樣能夠防止禍亂的源頭。」因而制度量衡的標準，不能不清晰明白，是一般普通人所跟隨的政令。

賞析與點評

孔子洞察人性，明白一般人只會隨波逐流，不懂自我節制，沒有個人真正的志向理想。正因如此，主政者更應該重視教育，建構各方面的公平制度，公開讓民眾跟從，引導他們向善的道路上邁進。

辨物第十六

本篇導讀——

本篇有十個小故事，談及孔子博學多聞，見識很多不同的事物，但天下之大，世界之奇，實在不可能知道所有事情，孔子抱着終身學習的態度，甚至向比自己低水平的人學習，這種虛懷若谷的豁達，就是他能夠低下，所以成就深厚的學問，有如大海的包容，又高不可攀，達到仁者樂山的峻峭境界，尤如泰山的崇高巍峨。

邾隱公[1]朝於魯，子貢觀焉。邾子執玉[2]高，其容仰；定公受玉卑，其容俯。子貢曰：「以禮觀之，二君者，將有死亡焉？夫禮，生死存亡之體。將左右周旋，進退俯仰，於是乎取之；朝祀喪戎[3]，於是乎觀之。今正月相朝，而皆不度，心已亡矣。嘉事不體，何以能久？高仰，驕也；卑俯，替[4]也。驕近亂，替近疾；君為主，其先亡乎？」夏五月，公薨。又邾子出犇。孔子曰：「賜不幸而言中，是賜多言。」

注釋

1 邾隱公：姓曹，名益，邾國君主。邾國在今山東省鄒縣，後為楚宣王所滅。此事發生在魯定公十五年。

2 執玉：有爵位的人手執圭璋，舉行正式的典禮，此處是朝見的禮儀。《周禮．典瑞》記載諸侯相見：「公執桓圭，侯執信圭，伯執躬圭，子執穀圭，男執蒲玉。」周初封建諸侯七十一個，分為五等爵位，魯國為侯爵，邾國為子爵。

3 朝祀喪戎：是國家四大禮儀。互相朝會、祭祀天地宗廟、王族宗室喪禮、行軍儀仗出征。

4 替：政權被替代，即國家敗壞。

譯文

邾隱公到魯國朝拜，子貢觀禮。邾隱公執玉圭而抬高頭，他的容貌是驕傲仰視；魯定公接受玉圭，表現過於卑微，他的容貌是躬身垂頭俯視。子貢說：「從典禮上觀察到，二位君主將有死亡的危險了。因為禮制是國家和個人生死存亡的體制。應酬左右的人，進與退的行動，俯與仰的舉動，會令人取得禮制的完備；朝會、祭祀、喪事、軍事，都可以觀察得到。現今在正月互相朝會，都是不合法度，內心的禮義已經滅亡了。美好的事做成不體面，怎可能長久呢？抬高頭仰視，非常驕傲；卑躬彎身俯視，便有國家被敗壞的預兆。驕傲接近叛亂，敗壞接近衰亡，君王是國家的主宰，他會先行死亡了！」夏天的五月，魯定公死去，邾隱公逃走。孔子說：「端木賜不幸而說中了事實，是他太多話。」

賞析與點評

此章有版本作「辯物」。「辨」，金文字體「𨐌」，《說文解字》則說：「判也。」有判別、判斷、判決、判定的意義，表示用自己的見解分析思辨，對事物作出結論。「辯」字在《說文解字》中為：「治也。」是治理言語，或有條理地辯解、辯說個人的意見。

陽虎[1]既犇齊，自齊犇晉，適趙氏[2]。孔子聞之，謂子路曰：「趙氏其世有亂乎！」子路曰：「權不在焉，豈能為亂？」孔子曰：「非汝所知，夫陽虎親富而不親仁，有寵於季孫，又將殺之，不尅而犇，求容於齊；齊人囚之，乃亡歸晉。是齊、魯二國已去其疾。趙簡子好利而多信，必溺其說而從其謀，禍敗所終，非一世可知也。」

注釋

1 陽虎：即陽貨，魯國人，本是季孫氏的家臣，因有叛變的心，竟然禁閉季桓子，事敗而逃往齊國。

2 趙氏：趙鞅，亦稱為趙孟或趙簡子，晉國的卿，與中行氏、范氏長期爭鬥。

譯文

陽虎已經逃奔到齊國，又從齊國奔跑到晉國，寄居在趙簡子那裏。孔子聽聞這個消息，向子路說：「趙簡子的家族，恐怕有幾代人，要過着動亂的日子了！」子路說：「權力不在陽虎手裏，他怎麼製造動亂呢？」孔子說：「你不知道，陽虎這個人，只愛富貴，不愛仁義，雖然被季孫寵愛，卻把他的兒子季桓子拘禁，想把季桓子殺害。他不能達到目的，才逃奔齊國，要求齊人收容；齊國把他囚禁，他又逃奔到晉國。可知齊、魯兩國都已經除去了這個禍患。趙簡子貪好利益，而且輕信別人，必定會陷入他的花言巧語之中，依從他的計謀害人，最終只會闖禍，而且非一代人可以了結。」

16.3

叔孫氏[1]之車士，曰子鉏商[2]，採薪於大野[3]，獲麟[4]焉；折其前左足，載以歸。叔孫以為不祥，棄之於郭外[5]，使人告孔子曰：「有麕而角者何也？」孔子往觀之，曰：「麟也。胡為來哉？胡為來哉？」反袂[6]拭面，涕泣沾衿[7]。叔孫聞之，然後取之。子貢問曰：「夫子何泣爾？」孔子曰：「麟之至，為明王也。出非其時而見害，吾是以傷焉。」

注釋

1 叔孫氏：魯國三桓之一，叔牙的後人，分掌魯國大權。

2 子鉏（粵：鋤；普：chú）商：姓子，名鉏商，即為叔孫氏駕車或拉車的人。

3 大野：古時一個湖澤的名稱，又名巨野，在今山東省巨野縣。

4 麟：古稱麒麟，被譽為帝王聖者的瑞獸，有一隻角。

5 郭外：城牆外的郊區。

6 反袂：反起衣袖以掩飾哭泣，是在公眾地方的禮儀。

7 衿：即「襟」。

譯文

叔孫的車伕，叫做子鉏商，在大野湖泊附近砍柴，捉到一隻麒麟；子鉏商打斷了牠的前左腳，然後乘載回來。叔孫氏以為是不吉祥的動物，便拋棄在城外，同時命人告訴孔子：「有一隻麇，頭上生了角，會是甚麼呢？」孔子前往觀看，說：「麒麟啊。怎會出現呢？怎會出現呢？」孔子反轉衣袂而抹面，涕淚已經沾濕了衣襟。叔孫氏聽聞了，取回麒麟埋葬。子貢問道：「老師為甚麼哭呢？」孔子說：「麒麟的來臨，因為有聖明的君王出現。但這個時候出現，不是恰當的時機，所以牠被害死了，我因而傷心啊。」

賞析與點評

此事發生在哀公十四年。珍禽異獸不容易獲得，孔子悲歎這隻麒麟生不逢時，白白送死。

後人提起這件事，認為麒麟正是孔子的象徵，他在生之時，不能為帝王所用，雖然在魯國短暫做官，卻沒有經世天下的機會。到二百年後的漢代，儒家才被尊崇。

從另一個角度去看，聖人就是在人間道德最衰敗的時候出現，當時不能為人接受，是正常的，但聖者的特立獨行，挽狂瀾於既倒，正顯示道德的永恆價值，如釋迦牟尼佛、聖雄甘地等。

哀公問政第十七

本篇導讀——

魯哀公與孔子的交往很多，在此篇，二人集中談及政治管理的思想，可較為全面了解孔子的宏觀理念。由修身、親親和尊賢，進而表述三達德、五達道，以至經略國家、治理天下的九經，有詳盡的具體實施辦法。大家細心體會一下，孔子確實不是空談的書生，他為官時間雖然短，也做得非常出色，可見他運用理論的靈活和恰當。

哀公問政於孔子，孔子對曰：「文武[1]之政，布在方策[2]。其人存，則其政舉；其人亡，則其政息。天道敏[3]生，人道敏政，地道敏樹。夫政者，猶蒲盧也，待化以成。故為政在於得人。取人以身，脩道以仁。仁者，人也，親親[4]為大；義者，宜也，尊賢為大。親親之殺[5]，尊賢之等，禮所以生也。禮者，政之本也。是以君子不可以不脩身；思脩身，不可以不事親；思事親，不可以不知人；思知人，不可以不知天。天下之達道有五，其所以行之者三。曰：君臣也，父子也，夫婦也，昆弟也，朋友也。五者，天下之達道。智、仁、勇，三者，天下之達德也。所以行之者，一也。或生而知之，或學而知之，或困而知之，及其知之，一也。或安而行之，或利而行之，或勉強而行之，及其成功，一也。」公曰：「子之言，美矣至矣！寡人實固，不足以成之也。」

注釋

1 文武：周文王、周武王兩位賢君。

2 方策：簡策，古代用竹或木牘製成的書。方，書寫用的木板。策，策略文稿。

3 敏：敏捷，靈敏，大力地推動。

4 親親：第一個親是動詞，親愛的行為行動，第二個親是名詞，自己的親人眷屬。亦有裏親外戚的分類，父系同姓為裏親，母系眷屬為外戚。

5 殺：有等級的界線。

譯文

魯哀公向孔子請問為政的道理，孔子對他説：「周文王、武王兩位君主的政教，公佈在竹簡策牘上。他們在世的時候，政策可以推行興隆；他們個人死亡，政策便止息。天的大道規律，可推動萬物的生命；人的道德規範，在於推行仁政；地的厚道規律，可推動樹木茂盛繁衍。因而政治事務，猶如昆蟲等待孵化而成。因此仁政在於得到人才。選取人才，在於這個人有身心的修養，修煉道德則以仁義為懷。仁就是人性和人際關係，親愛自己的親屬為最重大；義就是合宜，尊敬有道德的人為最重大。親愛親人有級別界線，尊敬有道德的人有等次分別，這就是禮節形成的原因。禮，是政治的根本。所以有道德的人，不可以不修養身心；想到修身，不可以不侍奉親人；想到侍奉親人，不可以不知人的生命，以及人性和道德；想到人性和道德，不可以不知上天的自然規律。社會上能夠遵守自然道德規律的事情，可歸納為五項，可以推行的方式有三種。五項規律是：君主與臣下，父親與兒子，丈夫與妻子，兄姊與弟妹，朋友之間，這五項事情，是整個社會可以達到的大道規律。智慧、仁慈、勇敢三種方式，是整個社會可以達到的善德行為，推行的時候是一致的。有人天生就知道，有人經學習而知道，有人在困難時便知道，所知道的道德都是一致的。有的無要求而推行，有的有利益才推動，有的勉強而實行，當達到成功的時候，都是一致的。」魯哀公說：「先生的話講得非常好，非常徹底，本人實在有點固塞淺陋，不足以達至成功啊。」

賞析與點評

五達道是：君臣、父子、夫婦、昆弟、朋友，後來成為儒家的五常，是人道的常理，人類必須協調的人際關係。智、仁、勇三種方式，不能分開單獨使用，智慧需要仁愛的天性，否則變成自私；勇猛要應用得有智慧，否則變成野蠻的狂牛亂撞；推行仁愛的道德活動，要勇於面對攻利主義者。有人會問你，仁義值多少錢一斤？你必須勇敢地說：「仁義是無價之寶。」

17.2

孔子曰：「好學近乎智，力行近乎仁，知恥近乎勇。知斯三者，則知所以脩身；知所以脩身，則知所以治人；知所以治人，則能成天下國家者矣。」公曰：「政其盡此而已乎？」孔子曰：「凡為天下國家有九經[1]，曰：脩身也，尊賢也，親親

也，敬大臣也，體群臣也，重庶民也，來百工也，柔遠人也，懷諸侯也。夫脩身則道立，尊賢則不惑，親親則諸父兄弟不怨，敬大臣則不眩，體群臣則士之報禮重，重庶民則百姓勸，來百工則財用足，柔遠人則四方歸之，懷諸侯則天下畏之。」

注釋

1 九經：九條準則。

譯文

孔子說：「喜歡學習，加以融會貫通，便成為有智慧的人；努力實行，才可感通天地，成為仁者；知道廉恥，強力改過，才可以成為勇者。深知智、仁、勇三種品德，便知道怎樣修身；知道修身，便知道管理別人；知道管理別人，便能夠成就天下國家治理的功業了。」魯哀公說：「政治的經略，到達這個地步，就可以了嗎？」孔子說：「一般要管治天下國家，還有九種方式配合，包括：修養好身心，尊崇和招攬有德才的智者，親愛家屬親人使家庭和諧，禮敬大臣，與群臣和諧相處體恤他們的善言，重視慈愛老百姓，招徠各種工藝專業技師，對遠方來的移民要柔順和安撫，與其他諸侯友好交往。修養好自己，便容易建立道德規律；尊崇賢士的意見，可以化解所有困難和疑惑；親愛家人，家族叔伯和兄弟沒有怨氣，便會攜手相助；禮敬大臣，便獲得前輩們的保護，不被人迷惑；接受群臣的意見，士大夫們的回報，會更加厚重；重視平民老百姓，他們會倍加勤勞；招攬專業技師，令你財富收入增加；接納移民，四方八面的人才，會更多地到來；關懷其他諸侯，使天下都感受到你的威儀，向你畏懼臣服。」

賞析與點評

要全面管治國家，以人為本是核心思想。處理好不同層面和階級的人群，國家便能夠長治久安，九經的策略可謂包含一切。

17.3

孔子曰：「立愛自親始，教民睦也；立敬自長始，教民順也。教之慈睦，而民貴有親；教以敬，而民貴用命。民既孝於親，又順以聽命，措諸天下，無所不可。」公曰：「寡人既得聞此言也，懼不能果行而獲罪咎。」

譯文

孔子說：「樹立仁愛的品德，要從父母雙親開始，可以教導人民和睦相處；樹立禮敬的德行，要從長輩和兄長開始，可以教導人民和順交往。教導他們慈愛和睦，使人民更加珍愛自己的親人；教導他們謹慎禮敬，使人民更加重視服從命令。人民既然孝敬雙親，又聽從政府的命令，讓他們做天下任何事情，沒有辦不到的。」

魯哀公說：「我已經聽聞這些言論，只恐怕不能徹底去實行，而招致罪孽。」

賞析與點評

民眾的教育很重要，必須從小教導他們，如何與家人相處，慈愛孝順，與長輩相處，產生尊敬和仰慕的心態。到社會做事後，自然成為一個有較高修養的公民。

卷五

顏回第十八

本篇導讀——

顏回受到孔子的特別讚賞，當然有他品德上的優秀之處。但顏回短命，令人更多一分愛惜。孔門四科，包括：德行、文學（文化）、政事（軍事）、言語（外交事務）。或稱為：文、行、忠、信。顏回優異的品行，被譽為德行科的首位，在眾人的眼裏，實在當之無愧。

顏回對曰：「昔者，帝舜巧於使民，造父[1]巧於使馬。舜不窮其民力，造父不窮其馬力；是以舜無佚民，造父無佚馬。今東野畢之御也，升馬執轡，銜[2]體正矣；步驟馳騁，朝禮[3]畢矣；歷險致遠，馬力盡矣；然而猶乃求馬不已。臣以此知之。」公曰：「善。誠若吾子之言也。吾子之言，其義大矣。願少進乎。」顏回曰：「臣聞之，鳥窮則啄，獸窮則攫，人窮則詐，馬窮則佚。自古及今，未有窮其下而能無危者也。」公悅，遂以告孔子，孔子對曰：「夫其所以為顏回者，此之類也。豈足多[4]哉？」

注釋

1 造父：是一位著名的馴馬師，因以駿馬獻給周穆王，穆王便賜他趙城，此後姓趙。

2 銜：亦作「銜」。是馬匹口中的馬嚼子，用以駕馭馬的行止。

3 朝禮：朝，通「調」。調教學習禮節。

4 多：讚揚，稱讚。

譯文

顏回答說：「以往，舜帝善於役使人民，造父善於駕馭馬匹。舜帝不會用盡人民的力量，造父也不會用盡馬匹的力量；所以舜帝的時候，沒有隱佚避世的智者，造父沒有逃失的野馬。現今東野畢駕車的時候，騎在馬上，手執轡繩，馬嚼子在端正的位置；踏步慢行，快速奔馳，調教學習進退有禮有節；經歷艱險，且長途奔跑，馬匹的力量已經耗盡；仍然對馬匹鞭策不止。我就是從這方面推想馬會走失。」魯定公說：「好。確實像你所說的那樣。先生你說的話，意義非常重大，希望你進一步說明一下。」顏回說：「我聽聞，雀鳥被迫到極點，便會用嘴啄；野獸被迫到極點，便會用爪反抗；人貧窮，便會被迫做詐騙的事；馬匹被迫到極點，便會逃跑。由古代至現今，沒有人迫使他的手下到極點，而自己能夠沒有危險的啊。」魯定公聽了很高興，於是告訴了孔子，孔子回答說：「這就是顏回之所以成為顏回，常有這樣的獨見，不必過於誇獎。」

賞析與點評

顏回能夠深入研究舜帝的仁政。「帝舜巧於使民」，這個「巧」就是「舜不窮其民力」，不勞役人民，讓他們有快樂幸福的日子，人人享受天倫之樂，所以沒有人避世隱逸。顏回比較馬匹的使用和培訓，並貫通於其他事物，「鳥窮則啄，獸窮則攫，人窮則詐，馬窮則佚」，他得出一個重要的結論：「未有窮其下而能無危者也。」也就是物極必反的原則。

顏回問於孔子曰：「成人之行若何？」子曰：「達於情性之理，通於物類之變，知幽明[1]之故，覩游氣[2]之原，若此可謂成人矣。既能成人，而又加之以仁義禮樂，成人之行也，若乃窮神[3]知禮[4]，德之盛也。」

注釋

1 幽明：泛指有形和無形的物象，也指天地、陰陽、晝夜、善惡、人鬼等相對立的事物。

2 游氣：指虛浮的事情，好像空氣的飄忽不定。

3 窮神：深究事物的精微道理。

4 知禮：了解禮的學問，及當中的德性內涵。

譯文

顏回向孔子請問：「完善的成人，他的德行應該如何？」孔子說：「通曉人情天性的原理，通曉物類的變化，知道天地陰陽等變化的道理，察覺虛浮事物的本源，如果能夠做到，可稱為完善的成人了。既然能夠作為完善的成人，而且加上實踐仁義禮樂，就是成人的道德行為，再能夠探索事物精微的道理，那就可以使道德盈滿盛大了。」

18.3

顏回問君子。孔子曰：「愛近仁，度近智，為己不重，為人不輕，君子也夫！」回曰：「敢問其次。」子曰：「弗學而行，弗思而得。小子勉之！」

譯文

顏回詢問有關君子的標準。孔子說：「泛愛大眾便近於仁者，思慮周詳近於智者，為自己的利益設想不會太重，替別人打算不能太輕，可算是君子吧！」顏回說：「冒昧地請問，成為君子的次要條件。」孔子說：「沒有讀書學習，卻能夠有君子的行為；沒有很多的思慮，卻能夠有君子的智慧。年青人應勤勉努力！」

賞析與點評

其實仁愛和智慧，很大程度上不是依靠學習而得，仁愛感通的心，是人人都有，思維之中的邏輯技巧，也不一定要深入學習。雖然如此，孔子認為純粹天生的才能，仍有不足的地方。智者更可以啟發別人的仁心博愛，將仁愛推而廣之。

顏回謂子貢曰：「吾聞諸夫子，身不用禮，而望禮於人；身不用德，而望德於人，亂也。夫子之言，不可不思也。」

譯文

顏回對子貢說：「我從老師那裏聽聞，自己不應用禮儀待人，但希望別人對他有禮；自己不應用道德的行為，但希望別人對他有道德，這些人其實在製造混亂。老師的話語，不可以不深思啊。」

賞析與點評

小人的舌頭滑，嘴巴快，用先聲奪人的辦法，說他人對自己不禮貌，沒有道德；可是你對他有禮貌有道德，他便說你是笨蛋蠢材。所以孔子特別叫他的學生小心，這類小人到處都有，擾亂社會法紀，還將責任推在好人身上，不可不防範。

子路初見第十九

本篇導讀——

本篇的第一章，記載子路第一次見到孔子，故用為篇名。子路好劍能武，但孔子引導他，要勤力學文，加以配合，才能成為大器。第二章是子路要離開，他已經跟隨孔子一段時間了，非常佩服這位老師，而老師仍然爭取最後的時刻教誨學生，要子路注意：強、勞、忠、信、恭，希望他有所成就。可見孔子的因材施教以及他愛護學生的熱誠。

子路初見孔子，子曰：「汝何好樂？」對曰：「好長劍。」孔子曰：「吾非此之問也。徒謂以子之所能，而加之以學問，豈可及乎？」子路曰：「學豈益也哉？」孔子曰：「夫人君而無諫臣則失正，士而無教友則失聽。御狂馬不釋策，操弓不反檠[1]，木受繩則直，人受諫則聖。受學重問，孰不順哉？毀仁惡士，必近於刑。君子不可不學。」子路曰：「南山有竹，不揉自直，斬而用之，達於犀革[2]。以此言之，何學之有？」孔子曰：「栝[3]而羽之，鏃[4]而礪之，其入之不亦深乎？」子路再拜曰：「敬而受教。」

注釋

1 反檠（粵：擎；普：qíng）：反覆多次調整弓箭。檠，矯正弓弩的器具。
2 犀革：堅韌的犀牛皮所造的皮革。
3 栝（粵：括；普：guā）：箭尾下陷的地方，用以扣弓弦。
4 鏃：箭頭的金屬尖。

譯文

子路第一次見到孔子，孔子說：「你的喜好是甚麼？」子路回答：「我喜愛長劍。」

孔子說：「我所問的不是這個。我是說以你的才能，若加上學問，難道還有人可以及得上你嗎？」子路說：「讀書求學問難道有益處嗎？」孔子說：「作為君主，如果沒有勸諫的大臣，便會失去公正的判斷；讀書人沒有朋友的教導，便會失去意見和忠告。駕御顛狂的馬，不放棄策繩，已經拉開的弓，不能反覆用檠來校正。木材以墨線校正會變直，人們接受勸諫會更英明，接受教育而學習，注重發問追求真理，怎麼能不順利成功呢？譭謗仁者憎惡讀書人，將會接近受刑罰，君子不可以不學習。」子路說：「南山有些竹，無須矯正，原本就端直，砍來作箭桿，可以射穿犀牛的皮，由此角度來講，有甚麼可以學習呢？」孔子說：「在箭尾套上羽翎，磨利箭頭，就能射得更深吧？」子路再次拜謝，說：「恭敬地接受您的教導。」

賞析與點評

孔子語重心長，逐步引導子路，希望他的學習是全面的通識，能武能文，互相配合。孔門以傳授六藝著稱：禮、樂、射、御、書、數。學習是非常重要的基礎，射箭要懂得安裝尾部的羽翎，使箭枝穩定，頭部要打磨尖銳，加大殺傷的力度，這都是精密的學問，必須通過學習，深入明了。文韜武略，德才兼備，才是真正的君子。

子路將行，辭於孔子。子曰：「贈汝以車乎？贈汝以言乎？」子路曰：「請以言。」孔子曰：「不強[1]不達[2]，不勞無功，不忠無親，不信無復，不恭失禮。慎此五者而已。」子路曰：「由請終身奉之。敢問親交取親若何？言寡可行若何？長為善士而無犯若何？」孔子曰：「汝所問苞在五者中矣。親交取親，其忠也；言寡可行，其信乎；長為善士而無犯，其禮也。」

注釋

1 不強：不勉強力行。

2 不達：不能達到目標，不能顯達。

譯文

子路準備出門遠行，向孔子辭行。孔子說：「贈送一架車給你好嗎？還是贈送幾句話給你？」子路說：「請老師贈送我幾句話。」孔子說：「不努力做事，是不可能顯達的；不勤勞工作，是不可能建立功勳的；不忠誠待人，是不可能有親信的；沒有信用，是不可能有人經常與你來往的；不恭敬對人，失去禮節，令你道德崩潰。謹慎而做好這五件事情，就是我贈送你的話。」子路說：「我會終身奉行實踐的。再請問，結交新朋友，為甚麼要選取他親近的朋友，作為觀察對象？為甚麼說話要少，但要確實可行呢？如何永遠做一個有道德的人，而不犯錯誤呢？」孔子說：「你所問的情況，已經包括在前面五件事情當中。新朋友的交往，選取觀察他的親友，是考慮他忠誠待人的態度；少說話而實話可行，便是有信用；永遠成為有道德的人，而沒有犯錯誤，便要合乎禮節，不能越軌。」

賞析與點評

孔子因材施教，但忠、信、禮是每個人的基本修養，逼自己勤力勞動，更是做事的基本態度。對人不恭敬，其他人便會對你無禮和鄙視。每個人的舉手投足，身旁的人都會見到，現代人稱為公共檔案，所以君子要謹慎言行。

19.3

孔蔑[1]問行己[2]之道。子曰：「知而弗為，莫如勿知；親而弗信，莫如勿親。樂之方至，樂而勿驕；患之將至，思而勿憂。」孔蔑曰：「行己乎？」子曰：「攻其所不能，補其所不備。毋以其所不能疑人，毋以其所能驕人。終日言，無遺己

憂；終日行，不遺己患。唯智者有之。」

注釋

1 孔蔑：又名孔弗，字子蔑，是孔子的侄子。

2 行己：自己的德行修養。

譯文

孔蔑詢問自我德行修養的方法。孔子説：「知曉而不去做，不如不知道；親近的人而不信任，不如不親近。快樂的事情來到，切勿快樂得過分；禍患將要來臨，切勿想得過分憂愁。」孔蔑説：「修身的方式是這樣嗎？」孔子説：「學習克服自己不能做到的事物，補充自己沒有的學識。切勿以自己的不能來懷疑他人，切勿以自己的所能在他人面前炫耀。總結每天都講的話，不要遺留憂愁給自己；總結每天都做的事，不要遺留禍患給自己。唯有大智慧的人，才擁有這樣的道德修養。」

賞析與點評

修養的功夫，必須實踐，道德是行為的結果。

在厄第二十

本篇導讀——

本篇記錄孔子在陳國和蔡國之間被圍困的厄難，因而用「在厄」為篇名。對孔子厄陳蔡之事，歷來都有很多爭議，有些人認為孔聖人這些事，不應該多談；有些人說孔子也是一個普通人。一個人能夠在危險境況下，處之泰然，保持一種輕鬆自在的態度，在平凡中顯出偉大，就只有聖人可以做到。第二章也講到孔子「無一日之憂」，再顯示出孔聖人的坦然及內心的豁達樂觀。

楚昭王[1]聘孔子，孔子往拜禮焉，路出於陳[2]、蔡[3]。陳、蔡大夫相與謀曰：「孔子聖賢，其所刺譏，皆中諸侯之病。若用於楚，則陳、蔡危矣。」遂使徒兵距[4]孔子。孔子不得行，絕糧七日，外無所通，藜羹[5]不充，從者皆病。孔子愈慷慨講誦，絃歌[6]不衰。

乃召子路而問焉，曰：「《詩》云：『匪兕匪虎，率彼曠野。』吾道非乎？奚為至於此？」子路慍，作色而對曰：「君子無所困。意者夫子未仁與？人之弗吾信也；意者夫子未智與？人之弗吾行也。且由也，昔者聞諸夫子：『為善者，天報之以福；為不善者，天報之以禍。』今夫子積德懷義，行之久矣，奚居之窮也？」

子曰：「由未之識也！吾語汝。汝以仁者為必信也，則伯夷、叔齊不餓死首陽；汝以智者為必用也，則王子比干不見剖心；汝以忠者為必報也，則關龍逢不見刑；汝以諫者為必聽也，則伍子胥不見殺。夫遇不遇者，時也；賢不肖者，才也。君子博學深謀，而不遇時者，眾矣。何獨丘哉！且芝蘭生於深林，不以無人而不芳；君子修道立德，不為窮困而敗節。為之者人也，生死者命也。是以晉重耳[7]之有霸心，生於曹、衞；越王句踐之有霸心，生於會稽。故居下而無憂者，則思不遠；處身而常逸者，則志不廣，庸知其終始乎？」

子路出。召子貢，告如子路。子貢曰：「夫子之道至大，故天下莫能容夫子，夫子盍少貶焉？」子曰：「賜！良農能稼，不必能穡；良工能巧，不能為順；君子能修其道，綱而紀之，不必其能容。今不修其道，而求其容，賜，爾志不廣矣！思不遠矣！」

子貢出。顏回入，問亦如之。顏回曰：「夫子之道至大，天下莫能容。雖然，夫子推而行之，世不我用，有國者之醜也。夫子何病焉！不容然後見君子。」孔子欣然歎曰：「有是哉，顏氏之子！使爾多財，吾為爾宰。」

注釋

1 楚昭王：名珍，是平王的兒子。

2 陳：陳國，姓媯，為舜帝後裔，建都於宛丘（現在的河南省淮陽市一帶）。

3 蔡：蔡國，姓姬，周武王的弟弟叔度立國（現在的河南省上蔡縣一帶）。

4 距：即「拒」，阻擋。

5 黎羹：野草煮成的湯羹。

6 絃歌：唱頌詩篇和歌曲，古代詩篇全部能夠歌唱。

7 晉重耳：晉文公，春秋五霸之一。

譯文

楚昭王聘請孔子，孔子於是前往拜訪楚昭王，以作回禮。路經陳國和蔡國之間。陳、蔡兩國的大夫一起商量計謀，說：「孔子是一位有道德學問的聖賢，他揭露和諷刺的事件，都命中各國諸侯的敝病。他如果被楚國重用，這樣陳、蔡就有危險了。」因此派遣步兵去攔截孔子。孔子不能繼續前行，沒有糧食已經七天，與外間不能溝通，野菜煮湯也不夠吃，跟從的人大多生病了。但孔子更加慷慨激昂，講授經典，吟誦詩經，弦歌的音韻沒有停止。

他把子路召喚過來，問他：「《詩經》講：『不是野牛不是虎，在廣闊的曠野自由奔跑。』我們的道理學說，有錯誤嗎？為甚麼到達這種地步呢？」子路也很不高興，臉色都變了，回答說：「有道德學問的人，是不會被困擾的。或許老師的仁慈還未夠徹底？所以人們才不相信我們；或許老師的智慧還未夠高超？所以人們要阻擋我們前行。況且我以往也聽聞老師講：『做好事的人，上天會回報幸福給他；做壞事的人，上天會回報災禍給他。』現在老師積功，而且心懷仁義，身體力行已經很久了，為甚麼仍舊在窮困的情況之中？」

孔子說：「子路啊，你的認識還未夠深切！我跟你講清楚吧。你以為仁者必定受人信任，那麼伯夷、叔齊就不會餓死在首陽山；你以為智者必定受人重用，那麼王子比干就不會剖心而死；你以為忠誠者必定有好報，那麼關龍逢就不會被刑罰；你以為直諫者必定被人聆聽，那麼伍子胥就不會被殺。講到際遇，能不能遇到賞識自己的人，是時機命運；賢明還是不肖，是才能的分別。有道德學問的人，博學廣大，深謀遠慮，但不能遇到恰當時機，這樣的人實在有很多，何止我一個呢！況且芝蘭生長在茂密的樹林裏，不會因為沒有人欣賞，而變得不芬芳；君子修養正道，樹立品德，不會因為窮困，便敗壞自己的貞節。努力去做，是人可以做的工作；生死的情況，是命運的問題。所以晉國重耳建立霸業的心願，是他在曹、衞兩國遭受侮辱時產生的；越王句踐建立霸業的心願，是他在會稽被軟禁時產生的。因此在卑下的地位，而沒有憂慮窘迫，是思慮不遠；身處安逸的人，便沒有廣闊的志向，怎可以知道每個人的結局呢？」

子路離開了。跟着召喚子貢，孔子又問了同樣的問題。子貢說：「老師的道德非常偉大，因此天下不能容納老師，老師何妨貶低自己一些？」孔子說：「賜！優良的農夫，能夠種植耕稼，不一定能夠有收穫；優良的技工，能夠製作精巧的物品，而不能盡如人意；君子能夠修養他自己的道德學問，能夠治理國家社會，不一定可以被人接納。現在你不修養自己的道德學問，反而降低標準，求他人容納你，賜，你的志向不夠廣闊！你的思想不夠遠大！」

子貢離開。顏回進來了，孔子依舊問他同樣的問題。顏回說：「老師的道德非常偉大，天下不能容納老師。雖然如此，老師仍然推廣和實行它，世上沒有人任用我們，那是當政者的恥辱。老師根本沒有缺點！沒有人容納你，更能顯出你是有道德學問的人。」孔子很欣慰又歎息地說：「就是有你這個學生，顏家的兒子！如果你有很多財富，我就去做你的管家。」

賞析與點評

一個人在厄運危難的時候，最容易顯示他的思想智慧。在厄難之中，孔子自我鼓勵，反而志氣高昂，講誦經典而自勉，唱歌自娛。容與不容，不在乎眼前。

20.2

子路問於孔子曰：「君子亦有憂乎？」子曰：「無也。君子之修行也，其未得之，則樂其意；既得之，又樂其治。是以有終身之樂，無一日之憂。小人則不然，其未得也，患弗得之；既得之，又恐失之。是以有終身之憂，無一日之樂也。」

譯文

子路問孔子，說：「有道德學問的人，亦會有憂愁嗎？」孔子說：「沒有。有道德學問的人，他們的修養行為，如果未達到高尚境界，會在進德修業中為感受到德性而快樂；已經達到高尚境界之後，又會在管治和諧的社會裏，得到快樂。所以他有終身的快樂，沒有一日的憂愁。沒有道德學問的人，便完全不同，他未達到高尚境界，心中擔憂不能得到；已經達到高尚境界，又怕會失去。所以他有終身的憂愁，沒有一日的快樂。」

賞析與點評

君子有終身的快樂，而沒有一日的憂愁。未得展露才華，獨善自身，勤於學習，快樂就在孜孜不倦的學習當中，心中通明光亮，如沐春風；得以大展鴻圖，舒展抱負時，兼善天下，濟世利民，快樂就在治理社會當中，與民同樂。

入官第二十一

本篇導讀——

「入官」即入朝為官，是進入官道，成為政府的公務人員。孔子談論為官之道，提出從事政治的官員，要勿專、勿怠、勿發、勿犄、勿遂、勿留，有了這六項原則，才能得到身安、譽至、政從的良好結果。孔子還闡發了其他一些理論：「善政行易而民不怨」、「取親於百姓」、「取信於庶民」，最終歸納為「為政以德」。

21.1

子張[1]問入官[2]於孔子。孔子曰：「安身[3]取譽[4]為難。」子張曰：「為之如何？」孔子曰：「己有善勿專，教不能勿怠，已過勿發，失言勿掎[5]，不善勿遂[6]，行事勿留。君子入官，自此六者，則身安譽至而政從矣。且夫忿數者，官獄所由生也；拒諫者，慮之所以塞也；慢易者，禮之所以失也；怠惰者，時之所以後也；奢侈者，財之所以不足也；專獨者，事之所以不成也。君子入官，除此六者，則身安譽至而政從矣。

注釋

1 子張：名顓孫師，陳國人，是孔子的學生。

2 入官：開始進入朝廷做官。

3 安身：在眾人之間安穩，有容身的位置。

4 取譽：獲得他人的良好稱讚和聲譽。

5 掎：捉住物件不放手。

6 勿遂：不要立刻去做這件事，不能輕率頒佈政令。

譯文

子張向孔子詢問入朝做官的要訣。孔子說：「在朝廷上，要有安穩容身的位置，並且得到良好的聲譽，都很困難。」子張說：「怎麼辦才好呢？」孔子說：「自己有好的功績，切勿據為己有；教化的工作，切勿怠惰鬆懈；別人已經有的過失，如果情況不嚴重，切勿發佈張揚；別人失言說錯了話，切勿壓迫人不肯放手；考慮未到完善階段，切勿輕率頒佈和推展政令；做事要實行到底，切勿拖泥帶水，留下瑣碎的事情。有道德學問的人做了官，由這六項指引入手，便容易找到安穩的位置，良好的聲譽會到來，而人民也會服從政令。如果社會怨恨太多，就是牢獄之災發生的因由；拒絕批評和勸諫，思慮就會閉塞；傲慢而輕視他人，就是失去禮義的因由；怠懈懶惰，就會失去做事的時機而落後；奢侈浪費，是財富不足的因由；專權獨斷，就是做事不能成功的因由。有道德學問的人做了官，除去這六項不利因素，便可以找到安穩的位置，良好的聲譽會到來，而人民也會服從政令。

賞析與點評

作為政府官員，必須向民眾負責，這是古今都有的難處。孔子制訂出一些原則，仍可為今日借鑑和參考。

行者，政之始也；說者，情之導也。善政行易，則民不怨；言調說和，則民不變；法在身，則民象之；明在己，則民顯之。若乃供己[1]而不節，則財利之生者微矣；貪以不得，則善政必簡矣；苟以亂[2]之，則善言必不聽也；詳以納之，則規諫日至。

注釋

1 供己：供養自己的物資。

2 亂：任意改變。

譯文

實際的行政措施，是政務的開始；官員的解說，可以疏導民情。好的政策簡易地推行，民眾便不會埋怨；解說得言語調和溫順，民眾便不會產生變亂；自身守法，人民便模仿；自己明白道理，人民便會顯示發揚。如果供養自己的物資都不去節省，財政的收益便會微少了；貪婪不應得到的財物，好的政策便變成簡陋而有漏洞；隨意改動法律，剛愎自用，忠告的話便聽不入耳；詳細考慮而接納意見，那麼天天都會有人進諫。

賞析與點評

民眾要求政府要有良好的施政，能夠聽到安慰的和顏悅色語調，這是人的常情，當政者以身為教，民眾便跟隨，廣徵民意，自然令政策順利推行。

21.3

言之善者，在所日聞；行之善者，在所能為。故君上者，民之儀[1]也；有司執政者，民之表也；邇臣便僻[2]者，群僕之倫也。故儀不正，則民失；表不端，則百姓亂；邇臣便僻，則群臣汙矣。是以人主不可不敬乎三倫[3]。君子脩身反道，察里言[4]而服之，則身安譽至，終始在焉。故夫女子必自擇絲麻，良工必自擇完材，賢君必自擇左右。勞於取人，佚於治事，君子欲譽，則必謹其左右。

注釋

1 民之儀：民眾所跟從的標準法度。

2 便僻：在君王左右辦事的人員。

3 三倫：指三種有倫理關係的人，即有司、執政官員、近臣。

4 察里言：觀察街頭巷尾的民間議論。

譯文

美好的言論，貴在每天都可以聽聞；美好的政策，在於可以徹底實行。因此君王是人民的典範；各部門的執政者，是帶領人民的前導者；君王的近臣幕僚，是所有官員的榜樣。因此定立的標準不正確，便會失去民心；定立的行政標準和程序不正確，便引起百姓動亂；近臣只會阿諛奉承，便造成所有官員貪污腐敗了。所以作為君王，不可以不敬慎三種官員的操行：部門首長、執法部門主要官員和左右幕僚人員。有道德學問的人，修養身心返回本性大道，便要考察里巷的流行話題和民間議論，按照這些流傳的諺語，真切地妥善執行政務，就會安穩身心，良好的聲譽也會到來，由始至終的情況，都在這裏説明了。因而好的女子，必定親自選擇絲痲；良好的技工，必定自己選擇美好的材料；賢良的君王，必定自己選擇好的左右助手。辛勞地選拔人才，將來管理事務，便會安逸放心，有道德學問的人，想得到良好聲譽，就必須謹慎小心他的左右助手。

賞析與點評

街頭巷尾的流言，表示民眾願意與政府溝通，他們也關心社會問題。主政團隊，是所有公務人員的榜樣。所以領袖要緊抓人員的組織編排，司法部、行政部和問責團隊官員，都必須德才兼備，腳踏實地為國家服務。

困誓第二十二

本篇導讀——

孔子除了被圍困在陳、蔡兩國之間，一生中還有多次危難，如厄於鄭、厄於匡、厄於蒲等危險經歷。在這些厄運處境當中，孔子泰然自在，還藉助環境機遇，向學生們一一傳道授業。困於現實環境，不是一個大問題，如果困於自己的精神，反而須早日醒悟。所以孔子勉勵子貢困於道，子路困於名，竇犨鳴犢困於晉，史魚困於諫。本篇充滿如何對待困境的勵志之言，人生不如意者常見，我們不妨聆聽孔子的教誨和啟發。

子貢問於孔子曰：「賜倦於學，困於道矣。願息而事君，可乎？」孔子曰：「《詩》云：『溫恭朝夕，執事有恪。』事君之難也。焉可息哉？」曰：「然則賜願息而事親。」孔子曰：「《詩》云：『孝子不匱[1]，永錫[2]爾類。』事親之難也。焉可以息哉？」曰：「然則賜請願息於妻子。」孔子曰：「《詩》云：『刑于[3]寡妻[4]，至于兄弟，以御于家邦。』妻子之難也。焉可以息哉？」曰：「然則賜願息於朋友。」孔子曰：「《詩》云：『朋友攸攝[5]，攝以威儀。』朋友之難也。焉可以息哉？」曰：「然則賜願息於耕矣。」孔子曰：「《詩》云：『晝爾于茅[6]，宵爾索綯[7]，亟其乘[8]屋，其始播百穀。』耕之難也。焉可以息哉？」曰：「然則賜將無所息者也？」孔子曰：「有焉。自望其廣[9]，則睪如[10]也；視其高，則填如[11]也；察其從，則隔如[12]也。此其所以息也矣。」子貢曰：「大哉乎死也！君子息焉！小人休焉！大哉乎死也！」

注釋

1 不匱：不會竭盡。

2 錫：古「賜」字。

3 刑：作為榜樣或典範。

4 寡妻：正室妻子。

5 攸攝：協助、幫助。

6 于茅：前去收割茅草。于，即「於」，取，引申為割。

7 索綯：用草結紮繩索。

8 乘：維修整理。

9 廣：同「壙」，墓穴，闊大的墓地。

10 睪如：高大而寬闊。

11 填如：填塞充滿。

12 隔：同「鬲」，古代的煮食炊具，似鼎有腳。

譯文

子貢請問孔子，說：「我已厭倦於學習，對道又困惑不解。我希望可以侍奉君主以得到休息，可以嗎？」孔子說：「《詩經》講：『日夜都溫順恭謹，擔任工作的時候很禮敬嚴肅。』侍奉君主不容易啊。怎麼可以休息呢？」子貢說：「既然這樣，我便希望侍奉雙親以得到休息。」孔子說：「《詩經》說：『孝子之道，是不能匱乏，永遠賜予你吉祥幸福。』侍奉父母不容易啊。怎麼可以休息呢？」子貢說：「既然這樣，我便希望教養妻子兒女以得到休息。」孔子說：「《詩經》說：『要成為妻子的典範，推而至於兄弟姊妹，用以治理家族和邦國。』教養妻子兒女不容易啊。怎麼可以休息呢？」子貢說：「既然這樣，我便希望與朋友交往以得到休息。」孔子說：「《詩經》說：『朋友是相互幫忙的，要以莊嚴的禮儀來交往和互相幫忙。』與朋友交往不容易啊。怎麼可以休息呢？」子貢說：「既然這樣，我便希望去種田以得到休息。」孔子說：「《詩經》說：『日間割茅草，晚上打草繩，盡快修理房屋，便要開始播種百穀。』耕種也不容易啊。怎麼可以休息呢？」子貢說：「既然這樣，我便無法得到休息了。」孔子說：「有的。你自己望向遠處，有非常廣闊的地方，那些墓穴排列在一起；在那高原上，都已經填滿了墳墓；再仔細察看旁邊的墓穴，好像一個個鼎鬲。那就是你可以安息的地方。」子貢說：「死亡的事情是多麼的偉大！有道德學問的人安息！不正派的人也安息！死亡的事情是多麼的偉大！」

賞析與點評

子貢在商業經營上有所成功，除了賺錢外，子貢的困惑也代表大部分人的想法，困惑於為甚麼要修煉道德，困頓於修煉道德很疲勞，卻沒有成果。孔子告誡子貢，事君、事親、處家、交友甚至是種田，都是很難的事，人只有在死後才能得到休息。意即活着時要始終勤勉。

22.2

子路問於孔子曰：「有人於此，夙興夜寐[1]，耕芸[2]樹藝；手足胼胝[3]，以養其親。然而名不稱孝，何也？」孔子曰：「意者身不敬與？辭不順與？色不悦與？古之人有言曰：『人與己與不汝欺[4]。』今盡力養親，而無三者[5]之闕，何謂無孝之名乎？」孔子曰：「由！汝志之，吾語汝。雖有國士之力，而不能自舉其身，非力之少，勢不可矣。夫內行不修，身之罪也；行修而名不彰，友之罪也；行修而名自立。故君子入則篤行，出則交賢，何為無孝名乎？」

注釋

1 夙興夜寐：早起而晚睡。

2 耕芸：即耕耘。

3 胼胝（粵：支；普：zhī）：表皮的厚繭。

4 人與己與不汝欺：其他人和自己的想法相通，因此欺騙不了他人。

5 三者：指「身不敬與」、「辭不順與」、「色不悦與」。

譯文

子路問孔子說：「這裏有一個人，早起晚睡，勤於耕種和整理樹藝；手腳都長滿了老繭厚皮，以供養他的雙親。但是沒有得到孝順的名聲，為甚麼呢？」孔子說：「或許他本人仍有不恭敬的行為？說話言辭不夠和順？面色不夠喜悅？古人有一句話：『無論他人還是自己，心意是可以相通的，欺騙不了人。』現在盡力供養雙親，而且沒有以上所講的三種缺點，怎會沒有孝順的名譽呢？」孔子說：「子路！你要記着我講給你聽的話。即使你成為全國最大力的男士，但不能自己舉起自己，並非力量微少，而是情勢上做不到。對內不去修養，是自己本身的罪過；切實修養，但名聲沒有彰顯，是朋友的罪過；切實修養，名譽自然慢慢樹立起來。因此有道德修養的人，在家堅守他的道德行為，出外結交朋友便找賢良有德的人，怎會沒有孝順的名聲呢？」

賞析與點評

本節重點是「行修而名自立」。修養道德，不能為了揚名立萬，否則沽名釣譽，德行沒有寸進。加強自身修養，名聲便會逐漸散播。有些人氣憤地表示，名聲被人無中生有地破壞。其實任何情況下，都要反省自己，只要自己德行無虧，便不必擔心名聲不好。

孔子之宋，匡[1]人簡子[2]以甲士圍之。子路怒，奮戟[3]將與戰。孔子止之，曰：「惡有脩仁義而不免俗者乎？夫《詩》、《書》之不講，禮樂之不習，是丘之過也；若以述先王好古法而為咎者，則非丘之罪也。命夫！歌！予和汝。」子路彈琴而歌，孔子和之，曲三終，匡人解甲而罷。

注釋

1 匡：春秋的衞國匡地，在今河南省長垣縣。

2 簡子：匡地的長官。

3 戟：古代常用兵器，結合矛戈的設計。

譯文

孔子一行人到了宋國，匡地的長官簡子，用全副武裝的士兵包圍了他們。子路發怒，奮勇地拿起戈戟，準備與他們作戰。孔子制止他，說：「修行仁義的人，哪有改變不了的俗世惡事？詩書的不講授，禮樂的不學習，是我的過錯；如果講述先王的道理，愛好古代的典章法制，而成為過失，便不是我的罪過。是命運的安排！你唱歌吧！我來和唱。」子路於是彈琴並唱歌，孔子跟着一起和唱，唱完了三篇，匡地的士兵解下武裝而退走。

賞析與點評

孔子認為「不講詩書」、「不習禮樂」，是自己的錯。罪不在孔子或讀書人，是社會風氣而已。

五帝德第二十三

本篇導讀——

五帝指：黃帝、顓頊、帝嚳、唐堯、虞舜，他們治理天下的功德，在孔子看來，是學習的典範。孔子提倡周朝的禮樂教育，但禮樂教育的完備，是承傳了古代優秀文化遺產，作為進一步的文明發展。因而孔子曾經詳細研究古代歷史、社會發展情況、人民生活的狀態，並作出總結，學習其中的精粹內涵，成為後世的道德準則。

宰我問於孔子曰：「昔者吾聞諸榮伊[1]曰：『黃帝[2]三百年。』請問：黃帝者，人也？抑非人也？何以能至三百年乎？」孔子曰：「禹、湯、文、武、周公，不可勝以觀也。而上世黃帝之問，將謂先生難言之故乎？」宰我曰：「上世之傳，隱微之說，卒采之辯，闇忽之意，非君子之道者，則子之問也固矣。」

孔子曰：「可也。吾略聞其說，黃帝者，少典之子，曰軒轅。生而神靈，弱而能言，幼齊叡莊，敦敏誠信。長聰明，治五氣[3]，設五量，撫萬民，度四方，服牛乘馬，擾馴猛獸，以與炎帝戰於阪泉之野，三戰而後尅之。始垂衣裳，作為黼黻，治民，以順天地之紀，知幽明之故，達死生存亡之說。播時百穀，嘗味草木，仁厚及於鳥獸昆虫。考日月星辰，勞耳目，勤心力，用水火財物以生民。民賴其利，百年而死；民畏其神，百年而亡；民用其教，百年而移。故曰：黃帝三百年。」

注釋

1 榮伊：當時著名的賢士。

2 黃帝：姓公孫，號軒轅，少典的兒子，有熊氏部族，因在涿鹿打敗蚩尤，而被推舉為皇帝，成為部落盟主，是華夏民族的始祖。定都有熊（現在的河南省新鄭市），製龍旗，農曆三月初三有祭祀黃帝的禮制。

3 治五氣：指調節身體五氣，即治理五臟的疾病。相傳《黃帝內經》是由黃帝輯錄而成，綜合上古醫巫和神農草藥的方法。

譯文

宰我問孔子說：「以往我聽榮伊說：『黃帝統治三百年。』請問：黃帝這個人，確有其人嗎？抑或他不是一個人？怎可以有三百歲呢？」孔子說：「夏禹、商湯、周文王、周武王、周公，我們都不能夠見到他們。對於上世黃帝的問題，恐怕這是先生前輩也難說清楚的啊！」宰我說：「上世代的傳聞，講得非常隱晦不清楚，事件複雜很難辨別，難於了解其中的含意，這不是有道德學問的人，應該談論學習的。因而我的提問，是太固執鄙陋了吧？」孔子說：「可以問的。我約略聽聞其中的說法，黃帝這個人，是少典的兒子，名叫軒轅。出生就已經有神靈，很小的時候，就能夠說話，年幼時反應快捷，思考有深度，端莊而純樸，敦厚敏銳而誠信。長大後很聰明，觀察五行和氣候的變化，設置五種計量單位，撫養萬民，到四方經商，駕馭牛車和騎馬，馴服擾民的猛獸，與炎帝大戰於阪泉的郊野，打了三場戰役，最後戰勝對手得到勝利。這時天下太平，無為而治，製作了有花紋的衣服。順着天地的規律，治理人民，知道陰陽變更的原因，使生命適應自然的循環，通達死生存亡的學說。播種合時的穀物，嘗試各種草木的味道和性質，他的仁厚愛心，連鳥獸昆蟲都受恩澤。他考察日月星辰的運行，耳目疲勞，勤盡心力，教人民使用水火，使民眾擁有財物。人民仰賴他給予的利益好處，足足有一百年；他死之後，民眾敬服他的神靈，也足有一百年；人民遵循他的教化，也足有一百年。因此說：黃帝統治三百年。」

賞析與點評

孔子雖然口中時常頌讚五帝的道德，但對歷史的看法非常客觀，順着時間順序闡述，一一解釋清楚，不加入迷信部分。有一種說法，黃帝本身就是一個部族的名稱，不是指某一個人，這個部落的人較為聰明奮鬥，而且製造很多器具供人使用，例如衣裳、舟船、指南針、車輛、文字、宮室等，因此成為領袖，有一百年的時間。但其後的統治盟主，也沿用其德政，對人民有利的事物，自然受社會大眾接納而流傳，這就是文化教育的生命力。

23.2

宰我曰：「請問帝舜。」孔子曰：「喬牛[1]之孫，瞽瞍之子也，曰有虞。舜孝友聞於四方，陶鮌[2]事親，寬裕而溫良，敦敏而知時，畏天而愛民，恤遠而親近。

承受大命，依於二女[3]。叡明智通，為天下帝。命二十二臣[4]，率堯舊職，躬己而已。天平地成，巡狩四海，五載一始[5]。三十年在位，嗣帝五十載。陟方岳，死於蒼梧之野而葬焉。」

注釋

1 喬牛：或作「橋牛」，舜帝的祖父，顓頊的曾孫輩，但已降為平民。

2 陶畋：製造陶器和捕魚為生。

3 二女：堯帝的兩位女兒娥皇、女英，都許配給舜。

4 二十二臣：其中十位較有名的大臣是：禹、皋陶、契、后稷、伯夷、夔、龍、垂、益、彭祖。

5 五載一始：五年巡察國家一次。

譯文

宰我說：「請問帝舜的歷史。」孔子說：「他是喬牛的孫子，瞽瞍的兒子，稱為有虞。舜帝非常孝順，並友愛同父異母的弟弟，聞名於四方，用製陶和捕魚來事奉雙親。他寬容而溫純善良，敦厚敏鋭而深知時務，敬畏天地而慈愛民眾，撫恤遠方的人，親愛鄰近的人。承接帝王的大任後，依靠兩位妻子的幫助。智慧聖明，通達各種事理，成為天下盟主後，任命了二十二位賢臣，繼續堯帝的職務，謙虛地禮待大臣。天下太平而大地成長萬物，巡行視察國家，五年一次輪轉。他三十歲被任用，接續帝位五十年。登臨四嶽，死在蒼梧之野並葬在那裏。」

賞析與點評

舜的孝道，孔子大加讚譽，亦為人傳頌。因為他有頑固的父親和囂張的繼母，仍然不改他的孝順，親自供養他們。他繼位後，選用最好的人才，勤政愛民，用孝感化民眾，國家昇平，人民幸福。

帝舜對異母的弟弟，同樣友愛親善，弟弟串通後母，經常陷害舜。做了帝王後，他不追究以往的事，依舊孝順後母，愛護弟弟。所以說他「寬裕而溫良」。

23.3

他日，宰我以語子貢，子貢以復孔子。子曰：「吾欲以顏狀取人也，則於滅明改之矣；吾欲以辭言取人也，則於宰我改之矣；吾欲以容貌取人也，則於子張改之矣。」宰我聞之懼，弗敢見焉。

譯文

過些天，宰我把孔子說的話告訴了子貢，子貢又再回稟孔子。孔子說：「我想用人的外觀形體來選擇人，澹臺滅明（子羽）使我更改了看法；我想用人的言詞話語來選擇人，宰我使我更改了看法；我想用人的面貌儀容來選擇人，子張使我更改了看法。」宰我聽了，害怕起來，不敢去見老師了。

賞析與點評

以貌取人，當然有偏差，以言語取人，也有偏差。人的智慧才能是綜合性的，不能單看某一件事，或者某一個方面。全面審視，還是偏聽偏信，這是智者與普通人不同的地方。

卷六

五帝第二十四

本篇導讀——

五帝的歷史沒有詳細記載，因為環境的變遷和種種原因，不能再加以確實的考證。本篇講五帝和五行的關係，是一種宏闊的宇宙觀。人有五隻手指，有五臟，五行理論成為中醫生命系統的一種基本理論。雖然將五帝與五行糅合在一起有些牽強，但也不能完全否定和抹殺這些原理。天地是龐大無比的，人體是無比複雜的，除了用科學系統解釋外，也有水文系統、五行系統、量子系統、經絡系統等等來解釋生命現象。大家可以藉此篇章，思索這些古代智慧。

季康子問於孔子曰：「舊聞五帝之名，而不知其實，請問何謂五帝[1]？」孔子曰：「昔丘也聞諸老聃曰：『天有五行，木、火、金、水、土，分時化育，以成萬物，其神謂之五帝。』古之王者，易代而改號，取法五行，五行更王，終始相生，亦象其義。故其為明王者，而死配五行。是以太皞[2]配木，炎帝[3]配火，黃帝配土，少皞[4]配金，顓頊配水。」康子曰：「太皞氏其始之木何如？」孔子曰：「五行用事，先起於木。木，東方。萬物之初皆出焉。是故王者則之，而首以木德王天下。其次則以所生之行，轉相承也。」康子曰：「吾聞勾芒[5]為木正，祝融為火正，蓐收為金正，玄冥為水正，后土為土正。此則五行之主而不亂，稱曰帝者何也？」

注釋

1 五帝：五色配五帝，此處包括太皞（或太昊）——蒼，曰靈威仰；炎帝——赤，曰赤熛怒；黃帝——黃，曰含樞紐；少皞——白，曰白招拒；顓頊——黑，曰汁光紀。

2 皞：有多種寫法：昊、皓。太皞，即伏羲氏，或宓戲氏，在燧人氏之後。

3 炎帝：即神農氏，用火燒草，開墾耕地，教民用耒耜種植。

4 少皞：黃帝的兒子，名摯，字青陽。

5 勾芒：少皞的兒子，名重，死後為木官之神。

譯文

季康子問孔子說：「過去聽聞有五帝的名稱，但不知道實際的詳情，請問甚麼是五帝？」孔子說：「以往我聽聞老聃講過：『宇宙的自然界有五種基本元素，水、火、木、金、土，按照不同時間，變化調節養育一切，使萬物生成長大，當中的精神，可稱為五帝。』古代的帝王，在轉換朝代、更改年號的時候，他們效法五行的系統，交替變更年號，終而復始地傳承，希望王朝相生永續，就是選用這系統的象徵意義。因此那些英明的君王，死的時候，也按照五行來配搭。所以太皞用木德為王，炎帝用火德為王，黃帝用土德為王，少皞用金德為王，顓頊用水德為王。」季康子說：「太皞氏為甚麼用木德為開始？」孔子說：「五行系統被應用於事物上，最先開始於木。木，代表東方，是萬物的初起化育，所有物類都由這裏生出。因而帝王效法這種理論，而首先用木德為依據，化育萬事萬物，興旺天下。其次便繼續按照這個系統所生成的順序，輾轉互相繼承傳流了。」季康子說：「我聽聞勾芒是掌管木類的最高官員，祝融是掌管火類的最高官員，蓐收是掌管金類的最高官員，玄冥是掌管水類的最高官員，后土是掌管土類的最高官員。這五類物種都有主宰的官員，而且沒有混亂，為甚麼又稱為帝呢？」

賞析與點評

人的手腳都有五指（或趾），是天然的數目，孔子熟讀《易經》，明白這種根源，五行原理等遠古的哲理思想，都由此處開展。

24.2

孔子曰：「所尚則各從其所王之德次焉。夏后氏[1]以金德王而尚黑，大事斂用昏[2]，戎事乘驪[3]，牲用玄[4]。殷人以水德，尚白，大事斂用日中，戎事乘翰，牲用白。周人以木德王而尚赤，大事斂用日出[5]，戎事乘騵[6]，牲用騂[7]。此三代之所以不同。」

注釋

1 夏后氏：即大禹建立的夏朝。禹治水有功，可能以金生水為原則，成就金德。

2 斂用昏：殯斂的時間在黃昏。

3 驪：黑色的馬。

4 玄：黑色。

5 日出：接近紅色。

6 騵：紅色毛而白腹的馬。

7 騂：紅赤色的馬。

譯文

孔子說：「他們所崇尚的五行，各自依從當時的帝王所成就的德行，然後按次序到下一種元素。夏朝的大禹，以金德興旺天下，崇尚黑色，重大事情和喪禮都在黃昏舉行，軍事行動都用黑色的馬，祭祀用的牲畜家禽也是黑色。殷商的人，以水德興旺天下，崇尚白色，重大事情和喪禮都在日間中午舉行，軍事行動都用白色的馬，祭祀用的牲畜家禽也是白色。周朝武王建立宗室，以木德興旺天下，崇尚紅色，重大事情和喪禮都在日出的時候舉行，軍事行動都用紅色的馬，祭祀用的牲畜家禽也是紅色。這就是夏、商、周三代各有不同的情形。」

執轡第二十五

本篇導讀——

道德雖然是修身和治國的原則，但孔子很明白，刑法必須定立清楚，作為威嚇，必要時成為治理的工具，德法兼備，是非常妥善的做法。本篇的重心是「夫人君之政，執其轡策而已。」孔子用生活上馭馬作比喻，指出治理國家人民，要有好的工具，好像銜勒、轡頭、馬策等，即如官員和刑法具備。當然，騎馬的人，適當地手執馬繩和鞭策，便可以千里揚長；官員施行德政，合理定出刑法，人民便自己循法而行，得到治理。

閔子騫[1]為費[2]宰，問政於孔子。子曰：「以德以法。夫德法者，御民之具，猶御馬之有銜勒[3]也。君者、人也；吏者、轡[4]也；刑者、策[5]也。夫人君之政，執其轡策而已。」子騫曰：「敢問古之為政。」孔子曰：「古者天子以內史為左右手，以德法為銜勒，以百官為轡，以刑罰為策，以萬民為馬，故御天下數百年而不失。善御馬者，正銜勒，齊轡策，均馬力，和馬心。故口無聲而馬應，轡策不舉而極千里。善御民者，壹其德法，正其百官，以均齊民力，和安民心。故令不再而民順從，刑不用而天下治。是以天地德之，而兆民懷之。夫天地之所德，兆民之所懷，其政美，其民而眾稱之。」

注釋

1 閔子騫：名損，魯國人，孔門德科代表人物，以孝揚名，被後人列為廿四孝之一。

2 費：屬季孫氏的領土。

3 銜勒：銜，馬嚼，或作「銜」，馬匹含在口內，用作駕御。勒，有嚼口的馬絡繩。

4 轡：馬韁全套繩索。

5 策：馬鞭。

譯文

閔子騫成為費縣地方的官員，向孔子請問治理民眾的方法，孔子說：「用道德用法律。因為道德和法律是管治民眾的工具，好像駕御馬匹有嚼口的馬繩。君主，即是騎馬的人；官吏，即是韁繩；刑法，即是馬鞭。君主執政，正是執掌韁繩馬鞭而已。」閔子騫說：「恭敬地請問古代的執政方法。」孔子說：「古代的君主用內務官為左右助手，用道德法律為嚼口的馬繩，用所有的官員為韁繩，用刑罰為馬鞭，將萬民視作馬，因此駕御國家數百年，而沒有疏忽過失。懂得騎馬的人，中正地執着嚼繩，緊齊韁繩，均衡馬的力量，調和馬匹的情緒，因此口沒有發聲，而馬匹根據韁繩反應，馬鞭沒有使用，而馬匹極速奔跑千里。善於管治民眾，用道德法律合一的方式，公正管理官員，以便均衡民眾的力量，調和安穩民眾的情緒。故政令無須重複，而民眾順從，刑法不用，而國家治理得太平和諧。因此天地認定君主有道德，而億萬人民心中懷念他。天地認為他有德，萬民能夠懷念他，他的政治一定美好，他的人民群眾都稱讚他。」

不能御民者，棄其德法，專用刑辟[1]。譬猶御馬，棄其銜勒而專用箠策[2]，其不制[3]也可必矣。夫無銜勒而用箠策，馬必傷，車必敗；無德法而用刑，民必流，國必亡。治國而無德法，則民無脩[4]；民無脩，則迷惑失道。如此，上帝必以其為亂天道也。苟亂天道，則刑罰暴，上下相諛[5]，莫知念忠[6]，俱無道故也。

注釋

1 辟：法規條文。
2 箠策：馬鞭。
3 不制：不受約束控制。
4 無脩：無從修養學習。
5 相諛：互相之間都說假話，去奉承對方。
6 莫知念忠：沒有一個人會想到忠誠老實。

譯文

那些不能管治民眾的人，放棄他的道德教育和法律，專門使用刑罰。譬如騎馬拋棄銜勒和轡頭，專門使用馬鞭打馬，馬匹不受控制，是必然的結果。沒有馬勒和轡頭，專門使用馬鞭打馬，馬匹必會受傷，車輛必會被破壞；沒有道德和法律，只用刑罰，民眾必會流散逃避，國家必會滅亡。治理國家，而沒有道德和法律，令民眾無從修養和學習；民眾沒有修養和學習，便會迷惑而失去道德正途。這樣，天帝必定知道你在擾亂自然規律。長久破壞和干擾自然規律，令刑罰更加暴戾，上下的官員和民眾，便會互相奉承吹捧，沒有人會忠誠老實，這都是沒有遵循道德的緣故。

‖25.3

古之御天下者，以六官[1]總治焉。冢宰[2]之官以成道，司徒[3]之官以成德，宗伯[4]之官以成仁，司馬[5]之官以成聖，司寇[6]之官以成義，司空[7]之官以成禮。六官在手以為轡，司會均仁以為納。故曰：御四馬者執六轡，御天下者正六官。是故善御馬者，正身以總轡，均馬力，齊馬心，迴旋曲折，唯其所之，故可以取長道，可赴急疾，此聖人所以御天地與人事之法則也。

天子以內史為左右手，以六官為轡已，而與三公為執六官，均五教[8]，齊五法[9]，故亦唯其所引，無不如志。以之道，則國治；以之德，則國安；以之仁，則國和；以之聖，則國平；以之禮，則國定；以之義，則國義，此御政之術。

注釋

1 **六官**：六位卿大夫。古制：天官冢宰、地官司徒、春官宗伯、夏官司馬、秋官司寇、冬官司空。

2 **冢宰**：亦稱為大宰，後來多稱宰相。是六官之首，協助天子統領天下百官。用「宰」這個字，可見中華文化對飲食的重視，宰相對食物的安排，必須恰到好處。

3 **司徒**：主管教化的部門。

4 **宗伯**：主管祭祀和宗廟的部門。

5 **司馬**：主管軍事。

6 **司寇**：主管刑法。

7 **司空**：主管建設和技術監督。

8 **五教**：父義、母慈、子孝、兄友、弟恭這五種人倫準則。

9 **五法**：五種等級的刑法。

譯文

古代統治天下的君主，以六卿的官員作為國家的總管。冢宰之類官員以成就道；司徒的官員以成就德；宗伯的官員以成就仁；司馬的官員以成就聖；司寇的官員以成就義；司空的官員以成就禮。六卿的官員，在君主的手裏，等於馬的轡繩，會合的時候要均衡調和，互相愛護及協助，就如同有了內轡繩。因此說：駕馭四馬的車要手執六條轡繩，統治天下的君主要正確運用六位卿相官員。所以懂得駕馭馬匹的人，身體正直，手握轡繩，均衡地發揮馬匹的力量，與馬匹的心意一致，在曲折的轉彎路上，隨心所欲地奔馳，因此可以跑長途的路程，可以趕赴緊急的任務。這是聖王統治天下與管理人事的法則。

君主用內部幕僚為左右手，用六卿作為轡繩，自己連同三公，協調六卿的工作，均衡五倫的教化，劃一五種刑法的審判標準，因此暢順地按照指引工作，沒有不如意的情況出現。用這樣的策劃正途，令國家治理昌盛；用這樣的德政程序，令國家教育安寧；用這樣的仁慈厚愛，令國家的外交和諧睦鄰；用這樣的崇高精神裝備軍隊，令國家太平興旺；用這樣的禮樂教化，令國家穩定地發展建設；用這樣的公義廉明法制，令國家誠信正義，這便是處理政務的方法。

本命解第二十六

本篇導讀——

「本命」就是生命，讀本篇可以理解孔子對生命的看法。由生命的起源到完結，這段起伏的人生，有男女婚姻的過程，使生命得以延續；有生命終結的死亡，如何尊重生命的喪禮；有男女陰陽的協調，是當時生活細節的描繪。調和人倫關係，維護宗法制度是孔子的理想。任何制度都有弱點，不可能完美，但共同遵守相同的制度，社會才能維持和諧均衡，用禮義來貫穿生命，更是孔聖人的教育理想。

魯哀公問於孔子曰：「人之命與性何謂也？」孔子對曰：「分於道，謂之命；形於一[1]，謂之性；化於陰陽[2]，象形而發，謂之生；化窮數盡，謂之死。故命者，性之始也；死者，生之終也。有始則必有終矣。人始生而有不具者五焉，目無見，不能食，不能行，不能言，不能化。及生三月而微煦[3]，然後有見；八月生齒，然後能食；三年顋[4]合，然後能言；十有六而精通，然後能化。陰窮反陽，故陰以陽變；陽窮反陰，故陽以陰化。是以男子八月生齒，八歲而齔[5]。女子七月生齒，七歲而齔，十有四而化。一陽一陰，奇偶相配，然後道合化成。性命之端，形於此也。」公曰：「男子十六精通，女子十四而化，是則可以生民矣。而《禮》，男必三十而有室，女必二十而有夫也。豈不晚哉？」

注釋

1 形於一：剛柔強弱所有情況都包藏在內。

2 陰陽：泛指雌雄兩性，可以指男女。

3 煦：光芒。

4 顋：即「腮」，兩頰的下半部。

5 齔（粵：趁；普：chèn）：兒童更換乳齒。

譯文

魯哀公問孔子説：「人的命和性，要如何理解呢？」孔子回答説：「從自然大道分化出來的，是生命肉體；剛柔不同融合在形軀之內，是性情品格；陰陽互相調節化育，有一定形體發出來，叫做生；形軀化育功能達到最終的盡頭，是死亡。因此有了生命，是性情的開始；死亡，是生命的終結。有開始，必定有終結。人類出生時，不具備五種功能：眼不能看，不能食固體物質，不能行走，不能説話，不能生育。出生後三個月，眼睛稍微有點光亮，然後見到東西；八個月生出牙齒，然後可以進食；三年後腮骨合攏，然後説話能夠清晰；男人十六歲通精，然後可以生育。陰到了極點，會反轉成陽，因此陰要配合陽而生變；陽到了極點，會反轉成陰，因此陽要配合陰而化育。因而男子八個月生牙，八歲開始換恆齒。女子七個月生牙，七歲開始換恆齒，十四歲可以生育。一陽一陰，男女雙單數互相配合，然後是陰陽化合規律，可以生育下一代。性命的開端，就是這樣形成的。」哀公説：「男子十六歲通精，女子十四歲可以生育，便是可以生兒育女了。而《禮記》的記載，男子必須三十歲才能有家室，女子必須二十歲才能有丈夫。豈不是太晚嗎？」

賞析與點評

生理現象，古今相同，但現代人飲食偏差，而且混入化學劑，令青年人早熟，青春期賀爾蒙提早分泌，這是小心飲食的警號。

26.2

孔子曰：「夫《禮》言其極[1]，不是過[2]也。男子二十而冠[3]，有為人父之端；女子十五許嫁，有適人[4]之道。於此而往，則自婚[5]矣。群生閉藏乎陰，而為化育之始。故聖人因時以合耦[6]。男女窮天數也。霜降而婦功成，嫁娶者行焉。冰泮[7]而農桑起，婚禮而殺[8]於此。男子者，任天道[9]而長萬物者也。知可為，知不可為；知可言，知不可言；知可行，知不可行者也。是故審其倫而明其別，謂之知，所以效匹夫之聽也。」

注釋

1 極：最高最極端，指禮是最高的道德規範。

2 不是過：不可超過這個極限。

3 冠：成人加冠禮，可以戴冠帽的典禮（小孩不可以戴成人的帽），很多民族都有類似的禮儀，表示一個人從少年步向自立，成為一個獨立的人。

4 **適人**：女子出嫁。

5 **自婚**：自此開始談婚論嫁。

6 **合耦**：耦，通「偶」。結婚是一男一女的偶數，配合成偶數，即是婚姻。

7 **泮**：溶解。

8 **殺**：停止，因為農耕事忙，停止舉行婚禮。

9 **任天道**：擔起天下大任，管治好家庭和國家。

譯文

孔子說：「《禮記》所講是最遲限度，希望不要超過。男子二十歲要舉行成人加冠禮，可以作為做人父親的開端；女子十五歲，可以許配出嫁，有出嫁的道理了。按照這樣的生命路線，便可以談婚論嫁。一切生命，在冬天的陰寒中都收藏起來，成為化育成長的開始。因此聖人因應天時，在冬天提倡婚嫁。窮盡了天數的極限。霜降之後，婦女織布等等的工作已經完成，因而嫁聚的事可以籌辦。當冰雪溶解，農耕採桑的工作開始，婚禮便要停止。男人是要負起天然正途的責任，生育長養萬物。知道甚麼事情可以做，甚麼事情不可以做；知道可以講的話，不可以講的話；知道可行的方法，不可行的方法。因此，熟識人倫的常理，明白男女的分別，便稱為知，這就是一般男人的品德。」

賞析與點評

冠禮的年齡，這裏定在二十歲，其他年代有不同的標準。成人加冠禮十分重要。

26.3

孔子遂言曰：「女有五不取：逆家子者，亂家子者，世有刑人子者，有惡疾子者，喪父長子者。婦有七出、三不去。七出者：不順父母者，無子者，婬僻者，嫉妬者，惡疾者，多口舌者，竊盜者。三不去者：謂有所取無所歸，一也；與共更三年之喪，二也；先貧賤後富貴者，三也。凡此聖人所以順男女之際，重婚姻之始也。」

譯文

孔子又接着説：「有五種女子是不能迎娶的：叛逆造反家庭的女子，淫亂家庭的女子，受刑罰家庭的女子，有不治之症家庭的女子，父親和兄長都已經喪生沒有受到家教的女子。婦女有七種情況會被休棄，還有三種情況不可休棄。七種情況是：不孝順父母，沒有生育子女，淫亂邪惡，嫉妒心很強烈，有不治之症，多言多語搬弄是非，偷竊財物。三種情況是：娶時有家休棄後無家可歸的，是第一種情況；與丈夫共同為公婆守過三年喪的，是第二種情況；嫁入夫家，先經歷貧賤，後逐漸富貴起來，是第三種情況。所有這些，都是聖人順着男女之間的關係，尊重婚姻的開始。

賞析與點評

一般人只談「七出」之條，沒有深入了解「三不去」，「三不去」的條款，是基於人道的立場，是非常合乎人情常理的做法。

論禮第二十七

本篇導讀——

禮樂教育，是孔子深慕的理想，本篇有孔子對禮樂根源的闡述，更有對禮的功用和其他有關問題的談論。他的學生子張、子游、子夏，都提出不同的問題，孔子都一一回答。孔子所談的各種禮儀今日可能不再適用，例如郊社、禘嘗、饋奠、射饗、食饗等五禮，但讀者仍可以作為旁觀者，細心考察。

孔子閑居，子張、子貢、言游[1]侍，論及於禮，孔子曰：「居！汝三人者。吾語汝以禮，周流無不遍也。」子貢越席而對曰：「敢問如何？」子曰：「敬而不中禮，謂之野；恭而不中禮，謂之給[2]；勇而不中禮，謂之逆。」子曰：「給奪慈仁[3]。」子貢曰：「敢問將何以為此中禮者？」子曰：「禮乎！夫禮所以制中[4]也。」子貢退。言游進曰：「敢問禮也，領惡而全好者與？」子曰：「然。」

注釋

1 言游：又名言偃，字子游。曾經出任武城的長官，以禮樂復興教化，孔子讚譽他的成功，但官位低微。

2 給：反應敏捷的表面形式。

3 給奪慈仁：毀亂慈愛仁善，沒有真心，成為假仁假慈。

4 制中：節制行為，達到適中。

譯文

孔子空閒的時候，學生子張、子貢、言游侍奉在旁，互相談論，講到禮的問題，孔子說：「坐下吧，你們三人，讓我向你們講解禮的問題，禮周詳地運用到各處，無所不遍。」子貢越過席位，走到老師面前說：「究竟應該如何呢？」孔子說：「尊敬肅穆而不合乎禮，稱為野蠻低下；恭謹謙讓而不合乎禮，稱為徒有表面形式；勇猛壯大而不合乎禮，稱為混亂叛逆。」孔子繼續說：「只是表面形式，破壞毀亂了慈愛仁善的內心。」子貢說：「請問如何做到合乎禮？」孔子說：「寬宏博大的禮啊！禮便是引導我們的言行舉止做到適中。」子貢退下去。子游跟着進前幾步，說：「我大胆地請問，禮的功用，是整頓惡事的發生，保存善好的文明嗎？」孔子說：「是的。」

27.2

子貢問：「何也？」子曰：「郊社之禮[1]，所以仁鬼神也；禘嘗之禮，所以仁昭穆也；饋奠之禮[2]，所以仁死喪也；射[3]饗之禮，所以仁鄉黨也；食饗之禮，所以仁賓客也。明乎郊社之義、禘嘗之禮，治國其如指諸掌而已。是故居家有禮，故長幼辯；以之閨門有禮，故三族[4]和；以之朝廷有禮，故官爵敘；以之田獵有禮，故戎事閑；以之軍旅有禮，故武功成。是以宮室得其度，鼎俎得其象，物得其時，樂得其節，車得其軾，鬼神得其享，喪紀得其哀，辯說得其黨，百官得其體，政事得其施。加於身而措於前，凡眾之動，得其宜也。」

注釋

1 郊社之禮：周代祭天地是在郊區空曠地方，搭建禮臺而舉行，冬至祭天稱為郊禮，夏至祭地稱為社禮，社是代表土地的神祇。

2 饋奠之禮：於靈柩前進行祭奠。

3 射：分為賓射、燕射、鄉射、大射等。此處指鄉射禮，即士大夫舉士後舉行的射禮。

4 三族：指父族、母族、妻族。

譯文

子貢問：「那該怎麼做呢？」孔子說：「冬夏兩季祭天地的禮，用以感通鬼神；祭宗廟的禮，用以感通祖先宗族；靈柩前祭奠的禮，用以感通死亡的人，表達重大的喪失；愉悅射箭的禮，用以感通鄉親好友；宴會餐飲的禮，用以感通賓客的情誼。明白了祭天地的意義，祭祖宗的禮儀，治國便容易明白和掌握。因此在家裏有禮，長幼就分辨清楚；將這種禮的原則應用在閨門，父族、母族、妻族便會和睦；將這種禮的原則應用在朝廷，官員和各種爵位便秩序井然；將這種禮的原則應用在田獵，軍事演習便很容易熟練；將這種禮的原則，應用在行軍打仗上，武將的功業便有所成就。因而宮室的大小適度，祭祀的牲口多少便合宜，萬物的生長便符合季節，音樂的聲韻旋律便協調，車輛的大小便符合路面的寬度，天地鬼神祖宗便得到應享的尊崇祭禮，喪事便得到盡情的哀慟，辯論的言詞便得到精闢的義理，百官便各司其職，政務事情便施行得合宜暢順。所有工作，如果有關於自己，或者牽連到其他人，一切的舉動，都會出於自然，適宜而恰當。」

賞析與點評

禮的精神內涵很豐富，可以從尊敬他人開始，以有秩序有禮貌作為行動，逐步探索禮的應用功能，重新恢復禮樂教育的精粹，開闢一片新天地。

27.3

子曰：「慎聽之！汝三人者，吾語汝：禮猶有九焉，大饗有四焉。苟知此矣，雖在畎畝[1]之中，事之，聖人矣。兩君相見，揖讓而入，入門而懸興[2]；揖讓而升堂，升堂而樂闋[3]；下管[4]象舞[5]，夏籥[6]序興[7]；陳其薦俎[8]，序其禮樂，備其百官，如此而後君子知仁焉。行中規，旋中矩，鑾和中采齊[9]，客出以雍，徹以振羽[10]。是故君子無物而不在於禮焉。入門而金作，示情也；升歌《清廟》，示德也；下管象舞，示事也。是故古之君子，不必親相與言也，以禮樂相示而已。夫禮者、理也；樂者、節也。無理[11]不動，無節不作。不能詩，於禮謬；不能樂，於禮素；薄於德，於禮虛[12]。」

注釋

1 畎畝：鄉村田野間。

2 懸興：即下文「金作」。指懸掛的鐘磬等樂器。

3 闋：停止。

4 下管：禮堂下面在吹奏的管樂。

5 象舞：相傳周文王有武術擊刺的方法，武王作樂曲，配合成為舞蹈的表演。又稱為武舞。

6 夏籥：籥，六孔的長笛。手拿着長笛作道具而跳舞。又稱為文舞。

7 序興：序，再次。音樂再一次奏出。

8 陳其薦俎：陳，陳列，獻出。將各種食物進獻。

9 采齊：齊，亦作「薺」。樂曲名稱。

10 振羽：又作「振鷺」，樂曲名。喻賓客整齊優雅的容貌。

11 無理：亦作「無禮」。

12 虛：指內心沒有道德，外表行禮是空虛假意的。

譯文

孔子說：「仔細謹慎聽着！你們三個人啊，我要告訴你們：朝會的禮有九種，其中接待賓客的禮有四種。能夠熟識這些，雖然生活在鄉間田野之中，如能依禮而行，人們也會視你為有高尚道德的聖人。兩國的君王相見，互相拱揖以禮，然後進入大門，進入大門後鐘鼓等樂器齊奏；又互相行禮作揖，然後登堂；登堂就座，音樂停止；堂下演奏管弦樂器，先跳武舞，又用籥為飾物跳文舞。陳列進獻餚饌，秩序井然地安排禮樂，百官肅整衣襟，列位排班。這樣，來訪的國君就感受到了主人的深情厚意。行為動作，要合乎禮儀規則；與其他人周旋見面，符合規矩禮節；車鈴配合《采薺》樂曲的和音；賓客開始退席，演奏《雍》的樂曲歡送；撤去酒席後，演奏《振羽》的樂曲。所以有道德修養的人，沒有一件事物和行為不在禮當中。入門便擊打金屬板，表示真情的感動；登堂歌唱《清廟》，表示文王的德行；堂下演奏管弦和跳舞，表示武王的事功偉業。所以古代有道德修養的人，不必一定親自與人交談，以禮樂互相表示便可以。禮，是道『理』；樂，是恰當的『節』奏韻律。沒有理，不能採取行動，沒有節，不可演奏樂曲。不能吟誦詩歌，在禮儀上便會謬誤；不能奏樂曲，在禮儀上便沒有生動的氣息；沒有品德，在禮儀上便成為虛文和虛偽。」

27.4

孔子曰：「志[1]之所至，《詩》亦至焉；《詩》之所至，禮亦至焉；禮之所至，樂亦至焉；樂之所至，哀亦至焉。《詩》、禮相成，哀樂相生，是以正明目而視之，不可得而見；傾耳而聽之，不可得而聞。志氣塞於天地，行之充於四海。此之謂五至矣。」子夏曰：「敢問何謂三無？」孔子曰：「無聲之樂，無體之禮[2]，無服之喪，此之謂三無。」

注釋

1 志：志向，志願。這裏有兩種理解，一說是君子的志氣，德濟蒼生；一說是君主治理國家的意志，能夠實踐，民眾便會感受到君主的恩澤。

2 無體之禮：沒有形體的禮儀。因為禮在內心發出，依天地自然大道而行，井然有序，不在乎儀式了，這就是禮的最高境界。

譯文

孔子說：「內心定立人生的志願後，《詩經》的情懷和音韻，也會到達和縈迴在你心中；《詩經》的歌韻定立在內心，禮義也會充滿你的身體；禮義定立在身軀後，音樂的節拍和旋律也會籠罩着你的身心；音樂定立在身心後，悲哀的情緒也會因為心中的感通而顯現。詩與禮互相促成和補足，悲哀和歡樂互相感通而產生，都是沒有聲音和形狀。所以用眼睛凝視着來看，不可以見得到；豎起耳朵，也不能聽聞。高尚志願，充塞宇宙，流行起來會充滿人間。這就是五至了。」子夏說：「請問甚麼是三無？」孔子說：「沒有聲響的音樂，沒有儀式的禮節，不穿喪服的喪禮，這就是所稱的三無。」

27.5

孔子曰：「無聲之樂，氣志不違；無體之禮，威儀遲遲[1]；無服之喪，內恕[2]孔哀[3]。無聲之樂，所願必從；無體之禮，上下和同；無服之喪，施及萬邦。既然，而又奉之以三無私而勞天下，此之謂五起。」

子夏曰：「何謂三無私？」孔子曰：「天無私覆，地無私載，日月無私照。其在《詩》曰[4]：『帝命不違，至于湯齊[5]。湯降不遲，聖敬日躋。昭假遲遲，上帝是祇。帝命式于九圍[6]。』是湯之德也。」子夏蹶然而起，負墻而立，曰：「弟子敢不志之！」

注釋

1 遲遲：從容舒緩而優雅。

2 內恕：內心寬恕仁厚。

3 孔哀：極為悲哀。

4 出自《詩經・商頌・長發》。

5 湯齊：齊，通「躋」，晉升。成湯升為部落的君王。

6 九圍：天下九州的周界，指天下的國土範圍。

譯文

孔子說：「沒有聲響的音樂，不會違背社會和人性的願望；沒有儀式的禮儀，散發着天然的威嚴，舒緩優雅；不穿喪服而哀的喪禮，內心仍然非常悲哀。沒有聲響的音樂，是君王對國家治理的願望，老百姓必定順從；沒有儀式的禮儀，互相尊敬，上下都能和諧同心；沒有喪服的喪禮，能夠普遍施行於全國各地和所有種族。已經做到上述所講的事情，又奉行三個無私的準則，為天下老百姓勤勞服務，這便叫做五種起始。」

子夏說：「甚麼叫做三種無私呢？」孔子說：「上天沒有私心，都是普遍地覆蓋和保護一切；大地沒有私心，懷着慈愛負載所有物類，日和月都是沒有私心地照耀蒼生。這個道理在《詩經》裏說：『上帝的命令沒有被違反，到了成湯的時候，便躋身為部落的君王。湯王禮賢下士，毫不遲疑，時常端莊，敬慎戒驕的德行，天天升聞上聖。他盛德昭明，仁厚寬容，上帝也敬佩他的善德。於是命令他統理天下九州的事，成為天子。』這便是成湯的德行啊。」子夏慌忙地站起來，背貼着牆而立，說：「學生怎敢不謹慎記在心中呢！」

賞析與點評

自古有「詩言志」的說法，就是用精煉的文字語句，表達心中無限寬廣而偉大的志向。孔子講詩、禮、樂三者的關係，並講到為官要了解禮樂的根源，做到「五至」和「三無」，才能稱得上是人民的父母官，表現了孔子一貫的仁政思想。

卷七

觀鄉射第二十八

本篇導讀——

射箭是一種運動，在古代是一種搏鬥的技藝，是武將軍人的戰爭工具。孔子很重視鄉射禮，並親自帶領弟子們去練習。在習射的同時，對弟子進行禮的教育，鼓勵遵守禮法的人，並淘汰禮義欠缺的人。射箭娛樂，當然也飲酒，其中有宴會的成分，也必定以禮相往還。本篇內容是很豐富的。

孔子觀於鄉射[1]，喟然歎曰：「射之以禮樂也。何以射？何以聽？循聲而發，不失正鵠者，其唯賢者乎！若夫不肖之人，則將安能以求飲。《詩》[2]云：『發彼有的，以祈爾爵。』祈，求也，求所中以辭爵[3]。酒者，所以養老，所以養病也。求中以辭爵，辭其養也。是故士使之射而弗能，則辭以病，懸弧[4]之義。」於是退而與門人習射於矍相之圃[5]，蓋觀者如牆堵焉。試射至於司馬，使子路執弓矢，出列，延謂射之者曰：「奔軍之將，亡國之大夫，與為人後，不得入。其餘皆入。」蓋去者半。又使公罔之裘序點揚觶而語曰：「幼壯孝弟，耆老[6]好禮，不從流俗，脩身以俟死者，在此位。」蓋去者半。序點又揚觶而語曰：「好學不倦，好禮不變，耄[7]期稱道而不亂者，則在此位。」

注釋

1 鄉射：古代有用射箭作為選拔人才的方法，有兩種形式：(一) 州長在春秋兩季，用射禮與人民會面交往，於政府的學校內舉行；(二) 鄉大夫每三年舉辦公開大比賽，選擇優秀人才，發出推薦信給優勝者。

2 出自《詩經．小雅．賓之初筵》。

3 辭爵：辭謝罰酒，即不被罰酒。

4 懸弧：遠古風俗，家中生男孩，便在門的左邊掛弓一把。

5 矍相之圃：矍相，地名。圃，菜園。

6 耆老：六十歲的人。

7 耄：八十至九十歲的老人。一百歲稱為頤。

譯文

孔子參觀鄉射，感歎地說：「射箭要合乎禮樂。怎樣射中？怎樣聽樂曲？跟隨音樂節拍而發箭，努力修養身心，便會一箭中的，唯有德才兼備的人才能做到！如果是不肖的小人，將不能夠輕易射中，而被他人罰飲酒。《詩經》說：『發射你的箭射中目標，祈求你免受罰酒。』祈，是希望求得，希望求得射中，才能使別人來領罰。酒，可用以養老，可用以養病。希望射中使別人喝酒，因為不敢接納受養的禮。因此讀書人如果不善於射箭，他人請你去射，便要託辭生病，因為男子生來就應該會射箭。」於是孔子回來後與學生在矍相的菜園裏學射箭，那些圍觀者好像一堵牆。準備射箭時，委派一位督導員，便由子路負責，手執弓和箭，離開隊伍，站在旁邊，請他們進入，對準備射箭的人說：「打敗仗的將士，亡了國的高級官員，強為人後的貪心者，都不能夠進入。」約有一半人離開。又再派公罔之裘和序點兩人，舉着容納三升酒的酒杯說：「孝敬父母，愛護弟妹的青壯年人，喜歡禮樂教育的六十歲老年人，不會隨波逐流而改變禮儀的人，堅持修養身心直至死亡的人，請到這邊來。」大約又有一半人離開。序點又再次舉起酒杯說：「喜愛學習，不知疲倦，喜歡禮儀，絕不變動，到了八九十歲，還在稱讚和學習道德，不會迷亂的人，請往嘉賓的席位。」

‖28.2

孔子曰：「吾觀於鄉，而知王道之易易[1]也。主人親速賓及介[2]，而眾賓皆從之，至於正門之外，主人拜賓及介，而眾賓自入，貴賤之義別矣。三揖至於階，三讓，以賓升，拜至，獻、酬[3]辭讓之節繁；及介升，則省矣。至於眾賓，升而受爵、坐祭、立飲，不酢[4]而降，隆殺之義辨矣。工[5]入，升歌三終，主人獻賓；笙入三終，主人又獻之。間歌三終，合樂三闋，工告樂備而遂出。一人揚觶，乃立司正[6]焉，知其能和樂而不流也。賓酬主人，主人酬介，介酬眾賓，少長以齒，終於沃、洗者焉，知其能弟長而無遺矣。降，脫屨升座，脩爵無算。飲酒之節，旰[7]不廢朝，暮不廢夕。賓出，主人迎送，節文終遂焉，知其能安燕而不亂也。貴賤既明，降殺既辨，和樂而不流，弟長而無遺，安燕而不亂。此五者，足以正身安國矣。」

注釋

1 易易：很容易。

2 介：賓客的隨從，有傳達說話的中介任務。

3 獻、酬：敬酒給賓客稱為獻，勸客人飲酒稱為酬。

4 酢：客人向主人敬酒倒酒。

5 工：樂隊的領班，古稱樂正。

6 司正：主持行酒令的人，執行正確的賞罰。

7 旰（粵：幹；普：gàn）：晚。

譯文

孔子說：「我參觀了鄉飲酒禮，才知道推行王道興旺國家是一件很容易的事。主人親自禮請貴賓和他的隨從，而其他賓客都跟從，到達正門之外，主人禮拜貴賓和隨從，其餘的人便自己進入，貴賓和其他人的禮義，就這樣有了分別了。經過三次拱揖禮，到達西階，三次互相禮讓，請貴賓升堂就位，然後拜謝他的光臨，向貴賓敬酒，辭謝和禮讓頗多；當隨從升堂就位，禮節省卻了很多。到其他嘉賓都升堂就位，向他們舉杯、坐敬、即時飲酒，主人不在堂上作答謝，由堂上走下來，向尊長行隆重的大禮，普通人行一般禮，尊卑的禮義就很清楚了。樂工進入，在堂上唱歌三首，主人向貴賓敬酒；吹笙的人進入，吹奏三首樂曲，主人又再敬酒。然後唱歌和笙樂輪流三次演出，再結合唱歌和笙歌，演出三次，樂隊領班宣佈演奏完畢，退出會場。有一個人舉起酒杯，主持酒令，知道使賓客盡情飲酒快樂，而不至於失禮。貴賓敬酒答謝主人，主人敬酒答謝隨從，隨從答謝嘉賓，來賓按照年齡的長幼，都受到敬酒答謝，沒有失禮的情況，連同洗杯碗及送水洗臉的人，都受到答謝，便知道他們友愛弟妹、尊敬兄長的禮義，而且沒有一個人被遺忘。撤去主食，脫去鞋子，坐在堂上，仍舊飲酒乾杯無數。飲酒的禮節很重要，要求晚上喝酒而不能因之廢棄早朝，傍晚喝酒而不能影響夕見。貴賓離開，主人恭敬歡送，禮節條文的程序由此至終已經完結，沒有失禮的地方，才知道他們安祥的燕樂，禮儀暢順，沒有一點混亂。貴賤地位明朗有別，階級和坐席清楚，和樂歡聚不致於胡鬧失禮，長幼有秩沒有一個人被遺忘，安祥燕樂條理井然沒有混亂。這五個方面完備，足夠修身正己，以至安邦定國。」

子貢觀於蜡。孔子曰：「賜也樂乎？」對曰：「一國之人皆若狂，賜未知其為樂也。」孔子曰：「百日之勞，一日之樂，一日之澤，非爾所知也。張而不弛，文武弗能；弛而不張，文武弗為；一張一弛，文武之道也。」

譯文

子貢參觀了十二月合祭百神的重要祭禮。孔子說：「子貢，你快樂嗎？」子貢回答說：「全國的人都好像有點瘋狂，我卻不知道有甚麼快樂。」孔子說：「百日工作的勞累，有一日的歡樂，得到君主和政府的恩澤，並非你能夠深知的。只有緊張的工作，沒有鬆弛的時間，周文王、周武王都不可能做得到；只有鬆弛玩樂，沒有緊張的工作，文王和武王都不會這樣做；一段時間緊張些，一段時間鬆弛些，就是文王和武王的良好治國方法。」

郊問第二十九

本篇導讀——

本篇是魯定公向孔子詢問郊祭的意義。孔子對比了周代郊祭和魯國郊祭的差異。其實中國人祭祀的想法和做法，與其他民族都是一致的，人類感恩天地生出萬物，明白自然力量非人力可比，對天地的尊敬膜拜，是真心實意。中國人強調祖先的祭祀，就是對生命和上天的感恩。

定公問於孔子曰：「古之帝王，必郊祀其祖以配天，何也？」孔子對曰：「萬物本於天，人本乎祖。郊之祭也，大報本[1]反始也，故以配上帝。天垂象，聖人則之，郊所以明天道也。」公曰：「寡人聞郊而莫同何也？」孔子曰：「郊之祭也，迎長日之至也。大報天而主日，配以月，故周之始郊，其月以日至，其日用上辛；至於啟蟄[2]之月，則又祈穀於上帝。此二者，天子之禮也。魯無冬至大郊之事，降殺於天子，是以不同也。」

注釋

1 報本：物以天為本，人以祖為本。報答自己的祖宗，因為是人的根本。

2 啟蟄：驚蟄在廿四氣節中排第三，是在農曆二月之中，昆蟲開始活動。

譯文

魯定公向孔子詢問：「古代的帝王，必定在郊外祭祀自己的祖先，與祭天地互相配合，是甚麼原因呢？」孔子回答說：「萬物的根本在於天，人的根本在於祖先。在郊外祭祀祖宗和上天，是報答根本，返回原始的性情，故以祖宗配合上帝的祭祀。上天降下徵兆，聖人加以效法，郊禮就是要闡明天道的生生不息。」定公說：

「我聽聞郊祭祖先與上天，有很多不同的地方，是甚麼原因呢？」孔子說：「郊外祭祀，是要在冬至迎接日長的時段到來。向上天最大的謝恩，以日間太陽當空為主，配合月份的適當時間，因此周代開始有郊祭，選擇的月份是太陽由南而來，選擇農曆正月第一個天干為『辛』的日子；到二月昆蟲復出的驚蟄時候，又要向上帝祈禱，希望百穀豐收。這兩件重要的事，都是由天子親自履行的大禮。魯國沒有在冬至舉行最大的郊禮，要比天子低一等，所以有不同啊。」

29.2

公曰：「其言郊何也？」孔子曰：「兆丘[1]於南，所以就陽[2]位也，於郊，故謂之郊焉。」曰：「其牲器何如？」孔子曰：「上帝之牛角繭栗[3]，必在滌[4]三月。后稷之牛唯具，所以別事天神與人鬼也。牲用騂，尚赤也；用犢，貴誠也。掃地而祭，貴其質也。器用陶匏[5]，以象天地性也。萬物無可以稱之者，故因其自然之體也。」

注釋

1 兆丘：兆，圓周。圓形小山丘形式的禮臺。

2 陽：南方為火，屬陽而溫暖。

3 角繭栗：小牛初生細小的角，形狀如繭如栗。

4 滌：洗滌清潔的地方，以便豢養祭祀的畜牲。

5 匏：用葫蘆做的酒樽。

譯文

魯定公說：「為甚麼叫做郊祭？」孔子說：「在南面郊區的地方，建築一個圓丘，因為在陽火的位置，就在郊外地區舉行，因此叫做郊祭了。」定公說：「所用的祭牲和禮器，會是甚麼呢？」孔子說：「用來祭祀上帝的小牛，牛角有如蠶繭和栗子一樣細小，必定要隔離飼養三個月。祭祀后稷的牛，隨便就可以，因此分別出事奉天神和人鬼的不同。牲畜可用紅色的馬，以紅色為主；用小牛祭祀，是表達真誠的意義。打掃清潔地方，才進行祭祀，是要質樸自然的環境。禮器的食具和酒瓶，用陶土和葫蘆做成，象徵天地自然的性能。萬物沒有可以與這些物品相稱的，所以用這些物品表達祭禮的感恩。」

公曰：「天子之郊，其禮儀可得聞乎？」孔子對曰：「臣聞天子卜郊，則受命於祖廟，而作龜[1]於禰宮[2]，尊祖親考之義也。卜之日，王親立於澤宮[3]，以聽誓命，受教諫之義也。既卜，獻命庫門之內，所以戒百官也。將郊，則供天子皮弁以聽報，示民嚴上也。郊之日，喪者不敢哭，凶服者不敢入國門，氾掃清路，行者畢止，弗命而民聽，敬之至也。天子大裘以黼之[4]，被裘象天，乘素車，貴其質也。旂[5]十有二旒[6]，龍章而設日月，所以法天也。既至泰壇，王脫裘矣，服衮以臨燔柴，戴冕藻十有二旒，則天數[7]也。臣聞之：誦《詩》三百，不足以一獻；一獻之禮，不足以大饗；大饗之禮，不足以大旅；大旅具矣，不足以饗帝。是以君子無敢輕議於禮者也。」

注釋

1 作龜：古代占卜的其中一種方式，就是灼龜殼而測裂紋。
2 禰（粵：尼；普：mí）宮：父親的宗廟。
3 澤宮：古代練習射禮和選士的地方。
4 黼之：用黑白相間的斧形花紋，鑲在大衣的邊旁。
5 旂（粵：其；普：qí）：有龍形標誌的旗，頂部繫有小鈴。

6 旒（粵：流；普：liú）：旗幟下方懸垂的飾物。

7 **天數**：以十二為天數，一日有十二個時辰，一年十二個月。

譯文

魯定公說：「天子的郊祭，其中的禮儀，可否告訴我呢？」孔子回答說：「我聽聞天子先行占卜，才舉行郊祭，在祖先的廟堂接受祭天的使命，於父親的廟堂灼龜殼占卜，是尊敬祖先愛戴父親的孝義。占卜的當日，天子親自站立，在射箭選士的澤宮裏，聽取宣誓使命的內容，是接受教育和勸諫的忠義。占卜完畢，在庫門內重申告誡和使命，用以儆戒百官。將要郊祭的時候，天子穿禮服和冠冕，聽取有關祭祀的詳細安排報告，表示人民對天子非常敬重。郊祭的當日，有喪事的人也不敢哭，穿着喪服的人不敢進入國家首都的大門，全面打掃清潔道路，封路禁止行人通過，其實沒有正式下命令，人民已經聽從，因為恭敬到了極點。天子穿的大禮服，繡有黑白相間的花紋，禮服有日、月、星辰等圖案，取法於天；乘坐樸素的車輛，是看重它的質樸。旗桿上有小鈴，下面連繫着十二種飾物，有龍形的圖案花紋，有日月等等，都是效法上天。到達祭壇，天子脫下大禮服的外衣，穿着袞服，走到擺放祭牲和禮品的柴草旁，戴上禮帽，帽前垂着十二串玉飾，便是天的數目。我聽聞：吟誦《詩經》三百篇，不如一獻禮的隆重細緻；一獻禮的細緻，不如合祭祖先的尊貴；合祭祖先的尊貴，不如祭祀五帝的大禮；祭祀五帝的大禮，不如祭祀上帝的禮儀。所以有道德修養的人，不敢隨便議論禮儀。」

賞析與點評

中華傳統文化其中一個數量系統，是十二的數目系統，包括一天有十二個時辰（現代兩個小時為一個時辰），一年十二個月（陽曆陰曆都是十二個月），十二個天干數量，人體有十二條經絡，人的手腳肢節共有十二段，音樂有十二律等等。

五刑解第三十

本篇導讀——

「五刑」是指古代五種刑罰，但本篇的重點，不在於解釋刑罰的細節或條文，而着重講述「三皇五帝不用五刑」的德政。制定五刑，有其意義和作用，但聖人探索人性，了解犯罪行為，希望從根源着手，在犯案之前就已經作出防範，消解犯罪的動機和意念，這是解決問題的最好方法。本篇也對「刑不上大夫」提供解釋，希望上層官員「以禮御其心」，用禮義廉恥的道德反省，自我約束，而成為民眾的模範。

冉有問於孔子曰：「古者三皇、五帝不用五刑[1]，信乎？」孔子曰：「聖人之設防[2]，貴其不犯也；制五刑而不用，所以為至治也。凡民之為姦邪、竊盜、靡法[3]、妄行者，生於不足，不足生於無度。無度，則小者偷惰，大者侈靡，各不知節。是以上有制度則民知所止，民知所止則不犯。故雖有姦邪、賊盜、靡法、妄行之獄，而無陷刑之民。不孝者，生於不仁，不仁者，生於喪祭之無禮也，明喪祭之禮，所以教仁愛也。能教仁愛，則服喪思慕，祭祀不解人子饋養之道。喪祭之禮明，則民孝矣。故雖有不孝之獄，而無陷刑之民。殺上者，生於不義。義所以別貴賤，明尊卑也。貴賤有別，尊卑有序，則民莫不尊上而敬長。朝聘[4]之禮者，所以明義也。義必明，則民不犯。故雖有殺上之獄，而無陷民之刑。鬥變者，生於相陵[5]；相陵者，生於長幼無序而遺敬讓。鄉飲酒之禮者，所以明長幼之序而崇敬讓也。長幼必序，民懷敬讓。故雖有變鬥之獄，而無陷刑之民。淫亂者，生於男女無別；男女無別，則夫婦失義。婚姻聘享者，所以別男女、明夫婦之義也。男女既別，夫婦既明，故雖有淫亂之獄，而無陷刑之民。此五者、刑罰之所從生，各有源焉。

注釋

1 **五刑**：五種刑罰，有墨、劓、剕、宮、大辟。

2 **設防**：預設防範的工作，這裏指刑法。

3 **靡法**：藐視法律，如同不存在。

4 **朝聘**：諸侯對天子的禮儀，一年一小聘，三年一大聘，五年一朝。

5 **相陵**：陵，通「淩」。互相淩辱謀害。

譯文

冉有問孔子說：「古代的三皇五帝不用五刑，是真的嗎？」孔子說：「聖王預設防止犯罪的措施，貴在讓人不去犯罪；制定五刑而不使用，就是最好的管治結果。一般民眾作奸犯罪，盜竊和做出違法的行為，最大的原因是生活物質不充足，不充足的原因，便是無節制的浪費。無節制的浪費，下層人便去偷竊，上層人便奢侈糜爛，盡情花費。所以君主有了節約的制度，使民眾知道有所遏止，民眾知道有所遏止，便不會犯罪。雖然仍舊有作奸犯罪、盜賊偷竊的法律條文，卻沒有人陷入法網而受刑。不孝的人是因為沒有仁愛，沒有仁愛是不明了喪祭禮義的內涵，明了喪祭禮義的內涵，是用以教育民眾仁愛的道德行為。能夠達到仁愛，便會在穿喪服時思念和仰慕死者，祭祀父母時就不會鬆懈，仍像父母生前，向他們饋贈和奉養。喪祭的禮儀被充分了解，並且加以推行，民眾便會孝敬父母。雖然有不孝的法律條文，卻沒有人陷入法網而受刑。謀殺上司的人，胡亂妄為，因為沒有忠義。義，是用來分別貴賤，使人明白尊卑的秩序。貴賤是有分別的，尊卑是有秩序的，清楚之後，民眾自然尊重上司，恭敬長輩。諸侯朝見天子，薄來而厚往，天子厚禮回贈，得到愛護，因而明白忠義的道理。忠義的道理，必定要使人明白，人民就不會犯這個罪。雖然有謀殺上司的法律條文，卻沒有人陷入法網而受刑。爭鬥作亂要改變現狀的人，產生於恃強淩弱；恃強淩弱的人，產生於長幼沒有秩序，忘記恭敬禮讓。鄉飲酒的禮儀，就是教育民眾長幼要有秩序，崇尚恭敬禮讓。長幼有秩序，民眾便會心懷恭敬禮讓。雖然有爭鬥作亂的法律條文，卻沒有人陷入法網而受刑。淫亂的人，產生於男女沒有分別；男女沒有分別，夫婦之間便會失去恩義。婚姻聘享的禮節，可以分別男女的地位，明白夫婦的區別。男女既然有了分別，夫婦有了明確的地位，雖然有淫亂的法律條文，卻沒有人陷入法網而受刑。這五個方面，是刑罰產生的原因，各有本源。

冉有問於孔子曰：「先王制法，使刑不上於大夫，禮不下於庶人[1]。然則大夫犯罪，不可以加刑，庶人之行事，不可以治於禮乎？」孔子曰：「不然。凡治君子，以禮御其心，所以屬之以廉恥之節也。故古之大夫，其有坐不廉汙穢而退放之者，不謂之不廉汙穢而退放，則曰：簠簋[2]不飾。有坐婬亂、男女無別者，不謂之婬亂、男女無別，則曰：帷幕不修也。有坐罔上不忠者，不謂之罔上不忠，則曰：臣節未著。有坐罷軟不勝任者，不謂之罷軟不勝任，則曰：下官不職。有坐干國之紀者，不謂之干國之紀，則曰：行事不請。此五者，大夫既自定有罪名矣，而猶不忍斥然正以呼之也。」

注釋

1 禮不下於庶人：庶人，平民。因為大部分平民沒有受教育，沒有學過禮節，所以不能要求他們懂得禮儀。

2 簠簋（粵：苦鬼；普：fǔ guǐ）：古代祭祀時用的兩種器皿。簠簋不飭，祭器不整齊，以喻為官不廉正。

譯文

冉有問於孔子說：「從前的帝王制定法律，使刑罰不加在大夫身上，禮儀不要求平民去實行。這樣大夫犯了罪，不可以用刑罰判決，平民做事，不可以講究禮儀嗎？」孔子說：「不是這樣。一般要管治有修養道德的人，要用禮節駕御他的心境，所以要培養他注意廉恥操守，令他可以自我節制。因此古代的大夫，他犯有不廉潔而貪污的罪行，因而罷退或流放，不會說他不廉潔而貪污所以罷退或流放，只會說他在祭祀中禮品沒有安排得妥善。有犯了淫亂罪，亂搞男女關係的人，不說他淫亂墮落，男女混亂，只會說他修理帷幕不妥當。有欺騙上司不忠誠的人，不說他欺騙上司不忠誠，只會說他禮節品德沒有完善。有軟弱無能，不能勝任工作職務的人，不說他軟弱不能勝任職務，只會說他的屬下工作不稱職。有犯了國家法紀的人，不說他犯了國家法紀，只會說他做事前不向上司請示，擅自作主。這五個方面，大夫既然自定罪名，君主仍然不忍心當面斥責他有罪。」

賞析與點評

這段解釋非常明確，「刑不上大夫」並非對犯罪的高官無罪釋放，是判了同等的處罰後，用包容的心態，不直接說出其罪行。現代人用透明度的想法，要懲戒犯罪的高官，也可說是另一種角度的名聲受到懲罰，古今做法稍有不同，而犯罪受罰是一致的。

刑政第三十一

本篇導讀——

中國人的法治精神，很早便建立起來。本篇是上篇的延續，由刑法和政治出發，討論有關問題，「至刑無所用政，至政無所用刑」是問題的中心。戰國末期的法家思想，主張純粹的法律管治國家，拋棄人性人情的考慮。但春秋早期的諸子百家思想，都承接傳統，或多或少加入人性的成分，作為治理國家社會的政策。孔子的刑法思想，可以概括為「以政導民，以刑禁民」，刑法要少用，只作為阻嚇的工具而已，較為妥善。

仲弓[1]問於孔子曰：「雍聞至刑[2]無所用政，至政無所用刑。至刑無所用政，桀、紂之世是也；至政無所用刑，成、康之世[3]是也。信乎？」孔子曰：「聖人之治化也，必刑政相參焉。太上以德教民，而以禮齊之。其次以政言導民，以刑禁之，刑不刑也。化之弗變，導之弗從，傷義以敗俗，於是乎用刑矣。顓五刑必即天倫，行刑罰則輕無赦。刑，侀[4]也；侀，成也。壹成而不可更，故君子盡心焉。」

注釋

1 仲弓：冉雍，字仲弓，魯國人，孔子的學生，被孔子稱讚德行美好。

2 至刑：最嚴酷的刑罰。

3 成、康之世：周成王與周康王時代，天下安寧，刑措不用達四十年，為西周的盛世，史稱「成康之治」。

4 侀：通「形」，成形之物。

譯文

仲弓問孔子：「我聽聞刑罰最嚴酷時，政治的教化和引導功能便會失去作用；最好的政治教化功能可以發揮，刑法便無須使用。刑罰最嚴酷，政治教化功能失去作用，夏桀和商紂的時代，就有這種情況；政治教化的功能可以發揮得淋漓盡致，刑法便無須使用，周成王、康王的時代，就有這種情況。是否真實呢？」孔子說：「聖王治理國家，是用教育感化的方式，必定將刑法和政治互相滲透。最好的方法以道德教化人民，用禮節使大家整齊有秩序。其次的方法，以政府安排禮樂教育，引導人民有禮儀德行，用刑法禁止犯罪的意圖，刑法之目的，是達到不用刑罰。教化他們也行不通，引導他們也不依從，傷害仁義敗德壞俗，最後才用刑罰。謹慎使用五刑，必須符合天理，執行刑罰的時候，輕微的罪行也不能赦免。刑法，是一件成了形的事物；成形的事物，便是成熟的表現。一旦成熟，就不可以隨便更改，因此君子審理案件要竭盡心力。」

31.2

仲弓曰：「古之聽訟，尤罰麗於事[1]，不以其心，可得聞乎？」孔子曰：「凡聽五刑之訟[2]，必原父子之情，立君臣之義以權之；意論輕重之序，慎測深淺之量以別之；悉其聰明，正其忠愛以盡之。大司寇正刑明辟以察獄，獄必三訊焉。有旨無簡[3]，則不聽也。附從輕，赦從重[4]，疑獄則泛與眾共之，疑則赦之，皆以小大之比成也。是故爵人必於朝，與眾共之也；刑人必於市，與眾棄之也。古者公家不畜刑人，大夫弗養也。士遇之塗，弗與之言，屏諸四方，唯其所之，不及與政，弗欲生之也。」仲弓曰：「聽獄，獄之成，成何官？」孔子曰：「成獄於吏，吏以獄之成告於正；正既聽之，乃告大司寇；大司寇聽之，乃奉於王；王命三公卿士，參聽棘木[5]之下，然後乃以獄之成疑於王。王三宥之，以聽命而制刑焉。所以重之也。」

注釋

1 罰麗於事：處罰的判決，要有明顯的事實證據。

2 五刑之訟：五種罪行的案件。

3 有旨無簡：有人指證但不能確定犯罪事實。

4 附從輕，赦從重：依法量刑，可輕可重的從輕；可赦免的，原判較重的先赦。

5 棘木之下：古代判案的地方。棘木，酸棗樹。

譯文

仲弓說：「古代審理案件，處罰要有明顯的事實證據，不可以用個人內心的感情去判斷，這個情況，可否講給我聽聽呢？」孔子說：「凡是審判在『五刑』範圍內的重大案件，必定推究父子之情和君臣之義；目的是認證犯罪情節輕重，謹慎地測量罪過的深淺，以便區別對待。發揮自己的聰明才智，公正地用忠義仁愛的心來審理案件。大法官要公正嚴明，按照刑法細心查察證據，作為判案的依據，審訊復查最少三次。有指控但沒有實情，便不予聽取和受理。附屬的從犯可以輕判，有罪則可以考慮用較重的刑罰。可疑的案件，要廣泛收集證據和意見，有疑點便要赦免當事人。判刑的輕重大小，應該用以往的案例做對比，作為決定。因此頒授爵位勳銜，必須在朝廷之上，讓大眾共享光榮；行刑處決犯人，必定在市場，讓民眾一起唾棄他。古代政府不會應用受過刑的人，大夫也一樣不收留他。士人在路上遇到他，不會跟他說話，放逐到外地，不管他身在哪裏，都不容許他參與政治活動，不想他有很大的生活空間。」仲弓說：「審理訴訟案件，案件如何完成，由哪一位官員完成？」孔子說：「完成案件審判，是刑部的裁判官吏，裁判官吏完成要向法官報告；法官聽完報告，沒有發現漏洞，便向大法官報告；大法官聽完報告，沒有發現漏洞，便奉送報告給君王；君王命令三公和卿相謀士等人，一同召開聽證會，在有刺的棗樹下舉行，然後把審議案情的結果，草擬一份建議書給君王。君王根據三種可以寬宥的情況，再審核而決定採用刑罰。所以這種判決刑罰的程序，是非常謹慎和鄭重其事的。」

賞析與點評

三次周詳的審訊，使我們明白古代法制的客觀和健全，可以打破以往對君主制度的誤解。古代對於權力的平衡和使用，都有客觀全面的安排。「疑則赦之」，有疑點，則不能判罪，這種寬鬆的安民精神，古代早有定立。

31.3

仲弓曰：「其禁何禁？」孔子曰：「巧言破律，遁名改作，執左道與亂政者，殺；作淫聲，造異服，設伎奇器以蕩上心者，殺；行偽而堅，言詐而辯，學非而博，順非而澤，以惑眾者，殺；假於鬼神時日卜筮以疑眾者，殺。此四誅者，不以聽。」

譯文

仲弓說：「法律禁令想禁止些甚麼？」孔子說：「用取巧的言詞來破壞法律，表面上依照條文，實際上刪改了本質原意，堅持左道旁門，擾亂政府的人，要處殺罪；制作淫聲禍國，製造奇裝異服，破壞禮儀，設計一些奇怪的玩具，令君王心志動搖的人，要處殺罪；行為虛偽而堅持不改，言語詭詐而狡辯，學到錯誤的知識而又廣博多聞，順從錯誤的事情卻掩飾得很美好，以此迷惑民眾的人，要處殺罪；假託鬼神時日，胡亂卜筮，以禍福吉凶來惑亂民眾的人，要處殺罪。這四種人的罪行，鐵證如山，便不用詳加審理。」

賞析與點評

孔子認為審理案件必須注重犯罪事實，根據情節的輕重、罪行的深淺來量刑。疑獄要廣泛聽取各方面意見，經過獄吏、獄官、大司寇三次訊問審理，然後上報君主定奪。但有四種大罪，則殺無赦，不必經過三次審訊。

禮運第三十二

本篇導讀——

有人認為，仁是較偏重個人內心修養，禮則偏重群體等更廣闊的範圍，可以令國家小康，甚至天下大同。所以禮的運用，由個人，以至家庭、企業、國家等，都產生着積極作用。因而此篇稱為「禮運」，是研究孔子禮治思想的重要篇章。孔子更進一步指出歷史上「破國、喪家、亡人，必先去其禮」，而且用「禮之於人」，比喻「酒之有櫱」。擾亂禮節，必定從內心開始，孔子形容人的情感，好像聖王的田地，必須「修禮以耕之，陳義以種之，講學以耨之」，才使情與禮協調，生命性情得到絢麗的綻放。

孔子曰：「禹、湯、文、武、成王、周公，由此而選，未有不謹於禮。禮之所興，與天地竝。如有不由禮而在位者，則以為殃。」言偃復問曰：「如此乎禮其急也？」孔子曰：「夫禮，先王所以承天之道，以治人之情，列其鬼神，達於喪、祭、鄉、射、冠、婚、朝、聘。故聖人以禮示之，則天下國家可得以禮正[1]矣。」

注釋

1 禮正：用禮糾正失誤的情況，回歸大道。

譯文

孔子說：「夏禹、商湯、文王、武王、周公，他們是實行禮治的傑出王者，沒有一位不是謹慎推行禮教。禮的興起情況，與天地同時並立。如果有不推行禮治，而獲得王位的人，便令天下人遭遇災殃。」言偃又問：「這樣『禮』真的是那麼重要而迫切嗎？」孔子說：「禮，是以往的帝王上承天地大道，用以治理人情，排列鬼神先後，下達運用在喪、祭、鄉、射、冠、婚、朝、聘等活動之中。因此聖王將禮宣示給人民，便可以令天下國家，行於正道。」

故夫禮者，君之柄[1]，所以別嫌明微[2]，儐鬼神，考制度，別仁義，立政教，安君臣上下也。故政不正則君位危，君位危則大臣倍[3]、小臣竊。刑肅而俗敝[4]，則法無常，法無常則禮無別，禮無別則士不事、民不歸，是謂疵國[5]。是故夫政者，君之所以藏身，必本之天，郊以降命。命教於社之謂效地[6]，降於祖廟之謂仁義，降於山川之謂興作，降於五祀之謂制度。此聖人所以藏身固也。聖人參於天地，竝於鬼神，以治政也。處其所存，禮之序也。翫其所樂，民之治也。天生時，地生財，人，其父生而師教之，四者君以政用之，所以立於無過之地。

注釋

1 柄：權力，權柄。
2 別嫌明微：區別嫌疑，明察微細。
3 倍：背叛作亂，背離國家，背着君主謀私利。
4 俗敝：風俗敗壞。
5 疵國：貧弱的國家。
6 效地：一作「教地」。效法大地的各種德性，可種植不同物類，在人則為成就仁義。

譯文

所以說禮，是君王的權柄象徵，用以區別嫌疑難明的事，明察極為微細的事理，祭祀鬼神，考察制度，理解仁義的分別，定立政治和禮教，安定君臣上下的良好關係。因此政治不公正，令君王的地位有危險，君王位危，令大臣背離國家，小臣偷竊國家財物。刑罰變得嚴苛，風俗便會敗壞，令法制混淆沒有常規；法制沒有常規，令禮儀沒有尊卑的分別；禮儀沒有尊卑的分別，令士人不做官，人民便不會歸順，這稱為貧弱的國家。因而政治權力，是君王用以保護自身的，必定本源於天的規律，郊祭表示上天的使命下降，依循上天頒發命令。君王的使命在於教育老百姓，要效法大地；降於祖廟的使命，要推行仁義；降於山川的使命，要建設土地，仿傚動植物的興建和創作；降於祭祀五帝的使命，要定立各種德政制度，這些是君王的工作，用以保護和穩固自身。聖王參與天地的運作，成為天、人、地三才，並與鬼神同列，就是治理國家的政治。妥善處理國家現存的問題，用禮的秩序維繫社會。熟識社會的生活和喜樂，引導人民在禮序範圍內，發展性情，就是最佳的管治。天時生生不息，地有萬物可以創造財富，人類是由父親所生，而由老師教育的，天、地、父親、老師四方面，君王都以禮義政策運用，便可以沒有過失。

夫禮，必本於太一[1]，分而為天地，轉而為陰陽，變而為四時，列而為鬼神。其降曰命。其官於天也，協[2]於分藝，其居於人也曰養。所以講信脩睦，而固人之肌膚之會、筋骸之束也；所以養生送死，事鬼神之大端；所以達天道，順人情之大竇[3]。唯聖人為知禮之不可以已也。故破國、喪家、亡人，必先去其禮。禮之於人，猶酒之有蘖[4]也。君子以厚，小人以薄。聖王脩義之柄、禮之序，以治人情。人情者，聖王之田也；脩禮以耕之，陳義以種之，講學以耨之，本仁以聚之，播樂以安之。

故禮者義之實也，協諸義而協，則禮雖先王未之有，可以義起焉。義者，藝之分，仁之節。協諸藝，講於仁，得之者強，失之者喪。仁者義之本、順之體，得之者尊。故治國不以禮，猶無耜而耕；為禮而不本於義，猶耕而不種；為義而不講於學，猶種而不耨；講之以學而不合之以仁，猶耨而不穫；合之以仁而不安之以樂，猶穫而不食；安之以樂而不達於順，猶食而不肥。四體既正，膚革[5]充盈，人之肥也；父子篤，兄弟睦，夫婦和，家之肥也；大臣法，而小臣廉，官職相序，君臣相正，國之肥也。天子以德為車，以樂為御，諸侯以禮相與，大夫以法相序，士以信相考，百姓以睦相守，天下之肥也，是謂大順。

注釋

1 **太一**：又作「大一」或「太乙」。是形成天地萬物的元氣精神。

2 **協**：亦作「協」。合成，和合。

3 **大竇**：竇，孔穴。較大的孔道。

4 **糵**（粵：頁；普：niè）：釀酒用的發酵麴糵。

5 **膚革**：表皮為膚，內皮為革。

譯文

禮，必定本源於太初渾沌的元氣。輕清的元氣為天，重濁的元氣為地；運轉為天是陽，運轉為地是陰；變化為春夏秋冬四季，排列成為鬼神的死生循環。這種循環規律降在人間，是生命的顯現。效法天地，配合日月的運轉規律，在人間是養育萬物。所以講究誠信，修養和睦，好像牢固地保護肌膚的會合處，以至筋骨的肌腱處；是養生和送死的禮儀，事奉鬼神的大原則；是達到天道，順合人情的大孔穴。只有聖王能夠知道禮節不可以廢止。因此破碎的國家，喪失家園田地的人，逃亡外地的人，必定因為首先失去禮。禮對於人類，好像釀酒要有發酵的麴糵。君子認識禮和運用禮都非常廣大，小人則會淺薄知禮用禮。聖王能夠掌握義的權柄、禮教的秩序，用以治理人的情感。人的情感，就是聖王的田地；推行禮教，等於耕種，陳述義理等於種植耕耘，講學等於除草，以仁愛為根本聚集生機使之生長茂盛，傳播禮樂來安慰心靈。

因而禮是義的實體，和合義理才是合乎禮的精神，雖則禮在先王時代沒有定立，但可以用義理制作出來。義，是才藝恰如其分，仁愛的適度節制。和合眾多的才藝，講究仁愛，得到真正『禮』的人，會成為強者，失去禮的人自己也消失。仁愛是義理的本根，是順合的本體，得到仁便會尊貴。因此管治國家不用禮制，好像農夫耕耘沒有耒耜；定立禮制而不根據義理，好像耕稼而不播種子；推行義理而不講學教育，好像播了種子而不除雜草；到處講學，而不合於仁愛的道理，好像除了草而不去收穫；合於仁愛的道理，而沒有用禮樂去安慰和陶冶性情，好像收穫後而沒有進食；用禮樂安慰性情，而達不到和順的身心，好像食用了而不吸收，沒有增肥一樣。四肢端正，皮膚也豐滿潤滑，是人的身體肥壯；父子關係良好親切，兄弟睦愛，夫婦和順，是家庭肥壯；大臣遵行法紀，小臣廉潔，官職互相協助而有秩序，君臣上下守護公正，國家便肥壯。天子以道德為車輛，以禮樂為駕御，諸侯之間以禮互相交往，大夫以法紀互相跟循秩序，士人以誠信互相考驗，百姓以睦鄰守望相助，天下間肥壯起來了，這是最大的安定和順。

冠頌第三十三

本篇導讀——

孟懿子問孔子有關冠禮的問題，孔子將自己所知都詳細講述。夏代末年，諸侯才開始有冠禮，而幼年的天子，必須先行冠禮，才能夠正式登位。不同的社會地位，有不同的冠禮儀式，在古代分得很清楚，使人們不能有僭越的想法。不同年代也有不同禮儀，就是禮隨環境而變遷以合理、合情，合符時代價值觀，並非固執不變。

33.1

邾隱公既即位，將冠[1]，使大夫因孟懿子[2]問禮於孔子。子曰：「其禮如世子[3]之冠。冠於阼[4]者，以著代[5]也。醮[6]於客位，加其有成，三加彌尊，導喻其志。冠而字之，敬其名也。雖天子之元子，猶士也。其禮無變，天下無生而貴者故也。行冠事必於祖廟，以祼[7]享之禮以將之，以金石之樂節之；所以自卑而尊先祖，示不敢擅。」懿子曰：「天子未冠即位，長亦冠也。」孔子曰：「古者王世子雖幼，其即位則尊為人君。人君治成人[8]之事者，何冠之有？」懿子曰：「然則諸侯之冠異天子與？」孔子曰：「君薨而世子主喪，是亦冠也已。人君無所殊也。」懿子曰：「今邾君之冠非禮也？」孔子曰：「諸侯之有冠禮也，夏之末造也，有自來矣。今無譏焉。天子冠者，武王崩，成王年十有三而嗣立。周公居冢宰，攝政以治天下。明年夏六月，既葬，冠成王而朝於祖，以見諸侯，示有君也。周公命祝雍作頌，曰：『祝王達而未幼。』祝雍辭曰：『使王近於民，遠[9]於年，嗇於時[10]，惠於財，親賢而任能。』其頌曰：『令[11]月吉日，王始加元服。去王幼志，心袞職[12]，欽若昊天[13]，六合是式，率爾祖考，永永無極。』此周公之制也。」

注釋

1 冠：《禮．曲禮上》以二十歲而冠，《儀禮．士冠禮》、《荀子．大略》及《說苑．建本》則以十九而冠。

2 孟懿子：是魯國大夫仲孫何忌，懿是他的謚號，他在魯昭公、定公、哀公三朝當官。

3 世子：即太子。

4 阼：東邊的階梯，是主位。

5 著代：正式表明可以代替父親的地位。

6 醮：奠酒於地上的祭禮。

7 祼：用鬱金香和黍釀成的香酒，專門供祭祀用，又名「灌鬯」。

8 成人：年齡上是成年人。

9 遠：長遠，即長壽。

10 嗇：珍惜時間，愛惜農耕的光陰，不奪去人民耕種的時光。

11 令：吉祥美好。

12 袞職：王帝的職責。

13 欽若昊天：天，或作「命」。恭敬接受上蒼之命。

譯文

邾隱公已經登了君主位，準備舉行冠禮儀式，安排他的大夫通過孟懿子，向孔子詢問有關禮制的問題。孔子說：「這個禮儀，好像諸侯的長子舉行冠禮的儀式。在東面主位的階梯上，舉行冠禮，以公佈他可以正式代替父親了。在西面的客位奠酒於地上，而無須向客人敬酒，然後加冠，真正步入成年，一加緇布冠，二加皮弁，三加爵弁，顯示了尊貴，引導他的志趣。加冠後取一個表字，表示尊敬他父母給他的名。雖然是天子的嫡長子，也要像士人一樣舉行冠禮。當中的禮儀沒有變更。天下的人，不是生出來便會尊貴的，經過禮儀才真正確立他尊貴的地位。舉行冠禮，必定在祖廟，以鬱金香和黍釀成的香酒敬神，用禮維繫和彰顯祖德，以鐘磬的音樂伴隨禮節；自我謙卑，而尊重先祖，表示不敢擅自作主。」孟懿子說：「天子沒有加冠便登帝位，長大了是否須要行冠禮？」孔子說：「古代帝王的嫡長子雖然年幼，當他登位，便被尊敬為君主。君主是治理成年人的大事，無須要再舉行冠禮。」孟懿子說：「這樣諸侯的冠禮，是否有異於天子呢？」孔子說：「諸侯的君主死去，他的嫡長子主持喪禮，自然已經是一個成年加冠的人了。諸侯君主的禮儀，是沒有分別的。」孟懿子說：「現在郝國君主的加冠，是否失禮呢？」孔子說：「諸侯有舉行冠禮，是在夏朝末年開始，來源已經很長久了，現在並沒有譏評的意思。周天子舉行冠禮，是在武王去世時，成王只有十三歲，就繼承為王子，周公任首相的職位，代理成王管治天下。第二年夏天的六月，安葬了武王，便替成王舉行冠禮，禮拜祖先，朝見諸侯，宣示新的天子繼承帝位。周公命令祝雍作頌辭，說：『祝福成王通達事理，聰敏而並不年幼。』祝雍的頌辭說：『願成王親近人民，享年長壽久遠，愛民力不奪民時，施惠財富予貧戶，親近賢德，任用良才能人。』頌辭也說：『吉月吉日，成王開始加冠穿大禮服。除去年幼的言行，內心恭敬接受上蒼給予天子的職責，謹遵上帝的使命，成為上下四方的楷模，跟從先祖的制度德行，無盡期的延續這項使命。』這便是周公的禮制。」

33.2

懿子曰：「始冠必加緇布之冠，何也？」孔子曰：「示不亡古。太古冠布，齋[1]則緇[2]之。其緌也，吾未之聞。今則冠而幣[3]之，可也。」懿子曰：「三王之冠，其異何也？」孔子曰：「周弁，殷冔，夏收[4]，一也。三王共皮弁素績[5]，委貌，周道也；章甫，殷道也；毋追，夏后氏之道。」

注釋

1 齋：亦有作「齊」字，但意思以齋戒為主，因為古代行禮，大多數要求齋戒沐浴，以表示潔淨虔誠。

2 緇：黑色，鬼神都喜歡黑色，或理解為樸素。

3 幣：亦作「敝」，隱蔽收藏。

4 周弁，殷冔，夏收：《儀禮·士冠禮》注：「弁名出於槃。槃，大也。言所以自光大也；冔名出於幠。幠，覆也，言所以自覆飾也。收，言所以收斂髮也。」

5 素績：白色的帽纓。

譯文

孟懿子說：「開始加冠的禮儀，必定首先戴上緇布的冠帽，有甚麼原因嗎？」孔子說：「表示不忘記古代的禮制典範。古老的年代，是戴粗布造的頭巾，有齋戒祭祀的時候，就把它染黑。有關垂下的帽纓，我沒有聽聞這方面的情況。現今冠禮完畢，緇布頭巾就只作收藏，可以不戴。」孟懿子說：「夏、商、周三王的冠帽，有甚麼不同的地方？」孔子說：「周朝叫做弁，殷朝叫做冔，夏朝叫做收，其實都是同一樣的東西。三王共同使用皮弁、素績。而委貌，是周朝的名稱制度；章甫，是殷朝的名稱制度；毋追，是夏朝的名稱制度。」

賞析與點評

禮儀的舉行，使參與的人，表達內心的敬意，切實執行他自身位置的職能，配合其他人的社會身份和秩序，尊重不同位置和階級的人。

廟制第三十四

本篇導讀——

宗廟是中華民族崇敬祖先的地方，這個方面有專門的禮制，「廟制」的確立，首先是孝道的形成，然後由親疏和遠近的關係，組織一個人際網絡。禮制是維持宗族的延續，千秋萬世的子孫後代，依循禮儀和尊敬的精神，是生命線的永恆延續，宗廟是精神投射的存有物。本篇孔子所講述立廟和毀廟的標準制度，是宗族延伸的基石。

34.1

衛將軍文子將立先君[1]之廟於其家，使子羔[2]訪於孔子。子曰：「公廟設於私家，非古禮之所及，吾弗知。」子羔曰：「敢問尊卑上下立廟之制，可得而聞乎？」孔子曰：「天下有王，分地建國，設祖宗[3]，乃為親疏貴賤多少之數。是故天子立七廟，三昭三穆，與太祖之廟而七；太祖近廟，皆月祭之，遠廟為祧，有二祧焉，享嘗[4]乃止。諸侯立五廟[5]，二昭二穆，與太祖之廟而五，祖考廟，享嘗乃止。大夫立三廟，一昭一穆，與太祖之廟而三，享嘗乃止。士立一廟，曰考廟，王考無廟，合而享嘗乃止。庶人無廟，四時祭於寢。此自有虞以至於周之所不變也。凡四代帝王之所謂郊者，皆以配天；其所謂禘[6]者，皆五年大祭之所及也。應為太祖者，則其廟不毀；不及太祖，雖在禘郊，其廟則毀矣。古者祖有功而宗有德，諸見祖宗者，其廟皆不毀。」

注釋

1 先君：有作「三軍」的版本。三軍是諸侯國所設三軍，分上、中、下或左、中、右。將軍文子屬於卿的職位，所以先君與三軍，逝去的君主和三軍統帥的開創人，同樣指衛國的太祖。

2 子羔：即高柴，衛國人，是孔子的學生，曾經做過費、郈地方的「宰」。他身高不過五尺，外貌形態都很惡，孔子初見他的時候，以為他愚昧。

3 **祖宗**：有功的先人稱為祖，有德的先人稱為宗。

4 **享嘗**：享受祭祀的尊重。

5 **五廟**：近親的名稱：考廟、王考廟、皇考廟、顯考廟、始祖廟，考是先逝父親，這些名稱至今都沿用。以主位為標準，分為左右兩旁的昭穆位置。

6 **禘**：指禮拜上帝的專用字。

譯文

衛國的將軍文子，想在他的封地，建立先代君主的宗廟，請求孔子的學生子羔，專門拜訪孔子，向他求教。孔子說：「諸侯要在大夫的采邑建設宗廟，古禮上沒有談及，我並不知情。」子羔說：「請容許我冒昧地問，尊卑上下的立廟制度，可否告訴我呢？」孔子說：「天下間有了帝王，分封諸侯為國，設立祖先的宗廟，依據親疏和貴賤，建立不同數量的廟宇。因此天子建立七廟，二、四、六三代在左邊昭位，三、五、七三代在右邊穆位，加上開國的太祖廟，成為七廟；太祖及高祖的近廟，要每月祭拜，遠親的廟，要依次把神主藏在始祖的廟裏。周朝有兩個不必遷移的祖廟，便是文王和武王二廟，這類廟是每季一次祭拜。諸侯建立五廟，二代昭位，二代穆位，加上開國的太祖，成為五廟，稱為始祖廟，每季一次祭拜便可以。大夫建立三廟，一代昭位，一代穆位，加上開廟的太祖，成為三廟，稱為曾祖廟，每季一次祭拜。士人建立一廟，稱為考廟，就是父親的廟，祖父沒有廟，神主合藏在父親的廟裏，每季一次祭拜。平民沒有設廟，每季一次在自己的房屋祭拜。這種情況，自從虞舜以至周朝，都沒有改變。虞、夏、商、周四代帝王，郊祭上天時，都一起配合祭天的禮儀；當中所謂禘祭上帝，是五年舉行一次的大祭，應該也包括在祭祀之內。所有開國的太祖，不管他的延續世代有多遠，他的廟不能被毀滅；不是開國的太祖，雖然在禘祀郊祭有祭拜他，但他的廟也要按制度毀滅。古代先祖有功，宗祖有德，人人都稱讚盛譽的祖宗，即如周文王和武王，因此他們的廟都不會被毀。」

34.2

子羔問曰：「《祭典》云：『虞氏祖顓頊而宗堯；夏后氏亦祖顓頊而宗禹；殷人祖契而宗湯；周人祖文王而宗武王。』此四祖四宗，或乃異代，或其考祖之有功德，其廟可也。若有虞宗堯，夏祖顓頊，皆異代之有功德者也。亦可以存其廟乎？」孔子曰：「善，如汝所問也。如殷周之祖宗，其廟可以不毀。其他祖宗者，功德不殊，雖在殊代，亦可以無疑矣。《詩》[1]云：『蔽芾[2]甘棠，勿翦勿伐。』邵伯[3]所憩，周人之於邵公也，愛其人，猶敬其所舍之樹。況祖宗其功德，而可以不尊奉其廟焉？」

注釋

1 出自《詩經．召南．甘棠》。

2 蔽芾：芾，亦作「芇」。細小的樣子。

3 邵伯：相傳為周文王的庶子，姓姬，名奭，作上公。

譯文

子羔問：「《祭典》講：『虞舜以顓頊為祖先，而以堯帝為宗祖；夏后氏亦以顓頊為祖先，而以大禹為宗祖；殷人以契為祖先，而以商湯為宗祖；周人以文王為祖先，而以武王為宗祖。』這四祖四宗的說法，或者都在不同年代，或者是自己的父親，他們都是有功德於國家的人，保留他們的廟宇是可以的。好像虞舜以堯為宗祖，夏代以顓頊為祖先，都是其他朝代有功德的人，也可以保留他們的廟宇嗎？」孔子說：「好，正如你所問的，好像殷、周的祖廟和宗廟，他們的廟可以不毀滅。其他人的祖宗，他們的功德沒有不同，雖然在不相同的朝代，亦無可置疑地不毀滅他們的廟。《詩經》講：『這細小的甘棠，不要剪除它的枝葉。』邵伯曾經在這裏休憩過，周代的人，對於邵伯，甚為愛慕他的為人，因而敬重他在那樹下曾經休息，何況他們的祖宗功德，而可以不尊敬他們的廟宇嗎？」

辨樂解第三十五

本篇導讀——

本篇講述音樂的問題。孔子推崇禮樂教育，了解樂理的創作，以至韻律陶冶性情的重要性，自己能夠彈得一手好古琴，並且善於辨樂，對《文王操》一曲留下深刻記憶，此事在《史記·孔子世家》及《韓詩外傳·五》都有記載。

孔子學琴於師襄子[1]。襄子曰：「吾雖以擊磬為官[2]，然能[3]於琴。今子於琴已習，可以益矣。」孔子曰：「丘未得其數[4]也。」有間[5]，曰：「已習其數，可以益矣。」孔子曰：「丘未得其志[6]也。」有間，曰：「已習其志，可以益矣。」孔子曰：「丘未得其為人也。」有間，孔子有所繆然思焉，有所睪然[7]高望而遠眺，曰：「丘迨得其為人矣。黮[8]而黑，頎然長，曠[9]如望羊[10]，掩[11]有四方，非文王其孰能為此？」師襄子避席[12]葉拱[13]而對曰：「君子聖人也！其傳曰：《文王操》。」

注釋

1 師襄子：魯國樂官，另說是衛國樂官。此事見於《史記．孔子世家》和《淮南鴻烈．主術》。

2 官：宮廷裏的樂官。

3 能：擅長。

4 數：熟練的技能。

5 有間：又過了一段時間。

6 志：志趣，意志。

7 睪然：或作「怡然」、「邈然」。久遠而渺茫的樣子。

8 黮：黑色。

9 曠：廣大遼闊。

10 望羊：遠視或仰視的樣子。

11 掩：亦作「奄」。包攬，覆蓋。

12 避席：離開席位。

13 葉拱：雙手放在胸前，如樹葉互相重疊，拱臂環抱，行拱手禮表示敬意。

譯文

孔子跟隨師襄子學習古琴，師襄子說：「我雖然以擊磬的技藝，考取樂官的職位，但也能彈得好古琴。如今你已經學習了古琴，可以進一步多學其他了。」孔子說：「我仍未學得當中的技巧。」過了一段時間，師襄子說：「已經學習當中的技巧，可以進一步多學其他了。」孔子說：「我仍未學得音韻的志趣。」又過了一段時間，師襄子說：「已經學習音韻的志趣，可以進一步多學其他了。」孔子說：「我仍未學得作曲家的心聲。」又過了一段時間，孔子聽到師襄子彈古琴，他有時深沉思索，有時抬頭遙望高遠的地方，稍後孔子說：「我終於知道作樂曲的人了，他有點黑，高個子，擁有廣闊的胸襟，目光包攬四方，如果不是文王，有誰能夠這樣呢？」師襄子離開座席，雙手交疊，向孔子行拱手禮，以示尊敬，同時對他說：「君子，你真是聰明通達，到了聖人的境界了！這首樂曲的名稱，就是《文王操》。」

35.2

子路鼓琴，孔子聞之，謂冉有曰：「甚矣，由之不才也！夫先王之制音也，奏中聲[1]以為節[2]，流入於南，不歸於北。夫南者生育之鄉，北者殺伐之城。故君子之音，溫柔居中，以養生育之氣。憂愁之感，不加於心也；暴厲之動，不在於體也。夫然者，乃所謂治安之風也。小人之音則不然，亢麗[3]微末[4]，以象殺伐之氣；中和之感，不載於心；溫和之動，不存於體。夫然者，乃所以為亂之風。昔者，舜彈五絃之琴，造《南風》之詩，其詩曰：『南風之熏兮，可以解吾民之慍[5]兮；南風之時兮，可以阜民之財兮。』唯脩此化，故其興也勃焉。德如泉流，至於今，王公大人述而弗忘。殷紂好為北鄙之聲，其廢也忽焉，至於今，王公大人舉以為誡。夫舜起布衣，積德含和，而終以帝。紂為天子，荒淫暴亂，而終以亡。非各所脩之致乎？由，今也匹夫之徒，曾無意於先王之制，而習亡國之聲，豈能保其六七尺之體哉？」冉有以告子路。子路懼而自悔，靜思不食，以至骨立[6]。夫子曰：「過而能改，其進矣乎！」

注釋

1 中聲：中和的聲韻。

2 節：法度節制。

3 亢麗：麗，即「厲」。殘酷嚴厲。

4 微末：尖銳。

5 慍：鬱結憤懣的火氣。

6 骨立：非常消瘦。

譯文

子路在彈古琴，孔子聽到，對冉求說：「太可惜了，子路的才能真是低了！古代的王帝，創制音樂，彈奏中和的諧音，用為法度節制，流傳到南方，不再屬於北方的音樂。因為南方是生長孕育萬物的地方，北方是戰爭殺伐的區域。因此君子彈奏的音調，溫柔而適中，用來調養生育的和善氣血。憂愁的情感，不會加入內心；暴厲的行動，不會在形體上出現。達到這種狀態，便是治理安定的音樂風氣。小人彈奏的音調完全不同，殘酷而尖鋭，用以象徵殺伐的惡氣；中庸率直和諧的感情，不留在內心；溫柔純和的行動，不會在形體上出現。達到這種狀態，便成為惡亂的音樂風氣。以往，舜帝彈奏五弦古琴，創作《南風》這首詩篇，這詩說：『芬芳的南風啊，可以解除我國民眾的鬱結憤懣啊；及時的南風啊，可以豐盛民眾的財物啊。』專門推行這種教化，因此他的振興，令國家非常旺盛。他施予的德政，有如泉水潺潺地流淌，一直到今日，王公大人都陳述，沒有忘掉。殷商紂王，喜好北方邊疆征戰之聲，很快便覆亡了，直到今日，王公大人都舉出這個例子，引以為戒。舜帝起初是平民，積聚功德，和藹可親，最終成為帝王。紂王是天子，但荒淫暴亂，最終家破國亡。難道不是他們各自推行的音樂教育不同，而招致的後果嗎？子路，現在是一個普通的老百姓，不去留意先王的制度，而學習亡國的聲音，怎能夠保護他七尺的身體呢？」冉有將這些話告訴了子路。子路非常恐懼，而且後悔，靜靜地反思，暫時不進食，以至日漸消瘦。孔子說：「有過錯而能夠改正，是一個人的大進步啊！」

35.3

散軍[1]而修郊射，左射以《狸首》[2]，右射以《騶虞》[3]，而貫革[4]之射息也。

裨冕搢[5]笏，而虎賁[6]之士脫劍。郊配后稷，而民知尊父焉。配明堂，而民知孝焉。朝覲，然後諸侯知所以臣。耕籍，然後民知所以敬親。六者天下之大教也。食三老五更於太學[7]，天子袒[8]而割牲，執醬而饋[9]，執爵而酳[10]，冕而揔干[11]，所以教諸侯之弟。如此，則周道四達，禮樂交通。夫《武》之遲久，不亦宜乎？」

注釋

1 散軍：已經解散了的軍隊。

2 《狸首》：亦作《貍首》。歌曲的名稱。射箭講求節拍，因此配合恰當的音樂。

3 《騶虞》：騶虞，是白虎黑紋的野獸，因為不食肉，而被稱為義獸。此處是歌曲名。

4 貫革：能夠貫穿士兵的胄革。

5 搢：插上。

6 虎賁：有如猛虎的勇敢，意為勇士。軍隊中有虎賁營的敢死隊或御林軍。

7 太學：古代學校的名稱，但一般只有貴族才能夠入讀。

8 袒：解去上衣，露出左臂。

9 饋：獻進食物給尊長。

10 酳：進食後用酒漱口。

11 冕而揔干：揔，亦作「總」。形容君主戴着禮帽，手執干盾跳舞。

譯文

解散了軍隊，大家學習禮義文教，又學習射禮，在東面練習射禮，演奏《狸首》的詩歌相伴，在西面練習射禮，演奏《騶虞》的詩歌相伴，能夠射穿皮革的甲冑，就可以得到慰勞。天子戴上禮帽，穿着袞服，腰插朝笏，裝甲虎賁營的御林軍，脱下配劍。天子郊祭時，配祀后稷，使人民知道尊重父親。建設明堂的大講廳，解決重大問題和家庭糾紛，使人民知道孝敬長輩了。春秋兩季接見諸侯，然後使諸侯知道，竭盡臣子的職責。親身耕種田地，用以供奉宗廟，然後使人民知道恭敬祖先。這六種工作，都是國家重要的禮教。在國學院裏敬養三老五更的尊長，天子親身露出左臂，袒衣袖而割牲，拿醬菜進獻給他們，拿酒器讓他們進食後漱口，戴上禮帽，拿干戈盾牌跳舞，以此教導諸侯，竭盡學生的禮節。這樣，周代的政教道德，便可以四方暢行達到遠處，禮樂教化，可以互相交流通明，融合社會。那麼《武》的歌舞演奏，時間長一點，也應該適宜吧？」

問玉第三十六

本篇導讀——

本篇有四個故事，以首章「問玉」為篇名。中國人很早把玉定為珍貴的物品，甚至成為禮器，用在祭祀的禮儀之中。孔子將玉的性質，比喻為君子的仁、智、義、禮、忠、信等良好品德，因為玉是石材的精煉之品，人要修煉才有崇高的品德，所以有「君子貴玉賤珉」的道理。

子貢問於孔子曰：「敢問君子玉貴而珉賤[1]，何也？為玉之寡而珉之多歟？」孔子曰：「非為玉之寡故貴之，珉之多故賤之，夫昔者君子比德於玉[2]：溫潤而澤，仁也；縝密[3]以栗[4]，智也；廉而不劌[5]，義也；垂之如墜，禮也；叩之，其聲清越而長，其終則絀然[6]，樂矣；瑕[7]不掩瑜[8]，瑜不掩瑕，忠也；孚尹[9]旁達，信也；氣如白虹，天也；精神見於山川，地也；珪璋特達，德也；天下莫不貴者，道也。《詩》[10]云：『言念君子，溫其如玉。』故君子貴之也。」

注釋

1 珉賤：有作「賤珉」。珉，似玉的美石，寫作「玟」或「瑉」。似玉的低下美石或石頭。

2 比德於玉：用人的品德比喻各種玉的特性，是中國人愛玉的特色。

3 縝密：美玉紋理細密。

4 栗：堅硬。

5 廉而不劌：有棱角的外形，卻不至於刺傷人。

6 絀然：有作「詘然」。戛然停止。

7 瑕：有斑點的毛病。

8 瑜：美玉，喻為美好的事物。

9 孚尹：晶瑩透光的美玉。

10 出自《詩經．秦風．小戎》。

譯文

子貢問孔子說：「請恕我大胆一問，君子以美玉為珍貴，而以石頭為賤，為甚麼呢？因為美玉數量少，而石頭太多嗎？」孔子說：「並非因為美玉的數量少，因此珍惜它，石頭多了因而看賤它。以往有道德修養的人，他的德行用美玉來比喻：溫潤而有光澤，是仁慈的惠愛；細緻而達到堅實，是智慧的結晶；有角而不會傷害人，是公義的互助；垂掛的時候，好像要掉下來似的，是禮的謙下；敲擊它，會發出清脆飛揚而悠長的聲音，最終卻戛然停止，是樂律的品格；雖然有一些斑點瑕疵，但不能掩蓋它的美好，美好也遮掩不住它的瑕疵，是忠正的貞節；各種蘊藏的色彩，從各方面和側面都可以晶瑩透露出來，沒有隱匿，是誠信的光明；氣質有如白玉清澈，彩虹飄逸，是上天的寬廣宏亮；精神濃縮山川的博厚，萬物都聚合一起，是大地的並生不悖，一體融和；圭璋有序，不須假借其他物品或打磨，已經成為禮器，是德行的自然展現；天下人都會珍貴美玉，這種完美難以形容，是大道的尊崇高尚。《詩經》講：『我在思念他，因為他溫柔敦厚，像一塊美玉。』因此有道德修養的人，都非常珍視美玉。」

36.2

孔子曰：「入其國，其教可知也：其為人也，溫柔敦厚，《詩》教也；疏通知遠，《書》教也；廣博易[1]良，《樂》教也；潔靜精微，《易》教也；恭儉莊敬，《禮》教也；屬辭比事，《春秋》教也。故《詩》之失愚，《書》之失誣，《樂》之失奢，《易》之失賊，《禮》之失煩，《春秋》之失亂。其為人溫柔敦厚而不愚，則深於《詩》者矣；疏通知遠而不誣，則深於《書》者矣；廣博易良而不奢，則深於《樂》者矣；潔靜精微而不賊，則深於《易》者矣；恭儉莊敬而不煩，則深於《禮》者矣；屬辭比事而不亂，則深於《春秋》者矣。」

注釋

1 易：一作簡易，純樸的音樂不會複雜；一作變易，音樂可以陶冶性情，紓解人的心靈，移風易俗。

譯文

孔子說：「進入一個國家，它的教化情況，就可以知道：社會人群的交往，都是氣度溫柔，性情敦厚寬鬆包容，是《詩經》的教化；能夠分明事理，通達詳細，知道遠古的歷史，是《尚書》的教化；有寬廣博大的情懷，簡易純樸而善良，是《樂》的教化；環境潔淨寧靜，知識窮理盡性，精微秋毫，深妙達到天地，是《易》的教化；行為恭謹儉約，莊重尊敬，是《禮》的教化；言語可以聚合多元化而精確的辭藻，比較事件的成敗得失，是《春秋》的教化。因此《詩經》的失誤是愚拙，《尚書》的失誤是誣言亂有，《樂》的失誤是奢靡，《易》的失誤是濫用曲解，《禮》的失誤是過於煩擾，《春秋》的失誤是善惡混亂不清。一個人能夠氣度溫柔，性情敦厚寬鬆而不愚拙，便是對《詩經》有深入體會；通達事理，知道遠古的歷史，不會亂加不明朗的事情，便是對《尚書》有深入體會；廣博的情懷，簡易善良而不奢靡，便是對《樂》有深入體會；潔淨寧靜，精微深妙而不亂解釋，便是對《易》有深入體會；恭謹儉約，莊重尊敬而不煩擾，便是對《禮》有深入體會；聚合辭藻，比較成敗得失，而不混淆善惡，便是對《春秋》有深入體會。」

「天有四時，春夏秋冬，風雨霜露，無非教[1]也。地載神氣，吐納雷霆，流形庶物，無非教也。清明[2]在躬，氣志如神，有物將至，其兆必先。是故天地之教，與聖人相參。其在《詩》[3]曰：『崧高惟嶽，峻極于天。惟嶽降神，生甫及申[4]。惟申及甫，惟周之翰[5]。四國于蕃，四方于宣。』此文武之德也。矢其文德，協此四國，此太王之德也。凡三代之王，必先其令問。《詩》[6]云：『明明天子，令問不已。』三代之德也。」

注釋

1 教：教育感化，是古代君主施政的首要工作。
2 清明：清爽明朗，是身心的健碩狀態。
3 出自《詩經．大雅．崧高》。
4 甫及申：甫侯和申伯，是周宣王時期的賢臣。
5 翰：棟樑。
6 出自《詩經．大雅．江漢》。

譯文

「天氣有四季，春夏秋冬，也有風雨霜露四種天然現象，從來沒有偏私，君主可以效法而用於教化。大地載滿精神的氣勢，可以呼吸產生雷霆，流佈潤澤，所有各種形體和萬物，從來沒有偏私，君主可以效法而用於教化。自己的身心能夠清爽明朗，氣度意志都飽滿，感應微妙變化，有事物將要到來，必定會感受到預兆的來臨。因此天地無私的教化，給予聖王很好的配合和參悟。《詩經》說：『五嶽崇高，崇峻達到極端的上天。只有五嶽降下精神，誕生了甫侯和申伯。只有申伯和甫侯，成為周朝的棟樑支柱。四周的國家引起糾紛，他們便作為屏藩，四方有不明道理的情況，他們便宣揚禮樂教化。』這些都是周文王和武王的德政。施行文教道德，令四方的國家協和親睦，是太祖王帝的德行。所有商湯、周文王、周武王三代的君主，必定先樹立自己良好的道德聲譽。《詩經》說：『盛明高尚的天子，良好德行的聲譽，是不會停止的。』便是三代時期奉行天地無私的德政呀。」

屈節解第三十七

本篇導讀——

本篇有三個章節，都談論到「屈節」的問題。屈節有降低身份而遷就相從的意思，這是做人處世的哲學，孔子解釋得很清楚而詳細。人生的遭遇總有起落，所以人必須懂得「屈」與「伸」，身份卑下而屈就一段時間，不應該耿耿於懷。因為這些屈伸寵辱都只是一時之間而已，「屈節者所以有待，求伸者所以及時」，如果過於自大，反而不堪一擊，使人生有所折損。這些見解透露出孔子生命的耐力，既講求節操又注重靈活變化。

子路問於孔子曰：「由聞丈夫居世，富貴不能有益於物，處貧賤之地，而不能屈節[1]以求伸，則不足以論乎人之域矣。」孔子曰：「君子之行己，其於必達於己。可以屈則屈，可以伸則伸。故屈節者所以有待，求伸者所以及時。是以雖受屈而不毀其節，志達而不犯於義。」

注釋

1 屈節：屈折自己，放棄氣節，順從他人。

譯文

子路向孔子詢問：「我聽聞大丈夫在世上，自己獲得了富貴，而不能為其他人和事物帶來益處，身處在貧賤的地方，而不能身軀屈折低下，守持道德的貞節，以便求得將來的伸展發揮，便不足以去談論人生範疇的道理了。」孔子說：「君子的志願和言行由自己掌握，他的正面人生目標，是要成就自己。可以接受委屈的時候便委屈，可以伸展的時候便伸展。因此委屈而守貞節的人，其實是等待機會；要求伸展發揮的人，會好好抓緊時機。雖然暫時受到委屈，但不會失掉他的貞節；理想和志願達成，但不會違反道義。」

句踐頓首曰：「孤嘗不料力而與吳難，受困會稽[1]，痛於骨髓，日夜焦唇乾舌，徒欲與吳王接踵而死，孤之願也。今大夫幸告以利害。」子貢曰：「吳王為人猛暴，群臣不堪，國家疲弊，百姓怨上，大臣內變，申胥[2]以諫死，大宰嚭[3]用事，此則報吳之時也。王誠能發卒佐之，以邀射[4]其志，而重寶以悅其心，卑辭以尊其禮。則其伐齊必矣，此聖人所謂屈節求其達者也。彼戰不勝，王之福；若勝，則必以兵臨晉。臣還北請見晉君共攻之，其弱吳必矣。銳兵盡於齊，重甲困於晉，而王制其弊焉。」

越王頓首許諾。子貢反，五日，越使大夫文種[5]，頓首言於吳王曰：「越悉境內之士三千人以事吳。」吳王告子貢曰：「越王欲身從寡人，可乎？」子貢曰：「悉人之眾，又從其君，非義也。」吳王乃受越王卒，謝留句踐。遂自發國內之兵以伐齊，敗之。子貢遂北見晉君，令承其弊。吳、晉遂遇於黃池[6]。越王襲吳之國，吳王歸與越戰，滅焉。孔子曰：「夫其亂齊存魯，吾之始願。若能強晉以弊吳，使吳亡而越霸者，賜之說也。美言傷信，慎言哉！」

注釋

1 會稽：地名。即現在浙江省紹興與東陽之間，當時越王句踐被囚的地方。

2 申胥：即伍子胥。楚國人，父親及兄長都被楚平王所殺，他投奔吳國，被封於申，故稱申胥。最後大敗楚國，掘平王的墓穴，鞭屍三百。

3 大宰嚭：又作「太宰嚭」。即伯嚭，楚國人，在吳國任太宰的職位，因接受越國的賄賂，勸吳王夫差接納越國的求和，最終吳國戰敗，他也因不忠受死刑。

4 邀射：激發或逢迎他人的想法邀。邀，通「激」。

5 文種：字少禽，越國的大夫，與范蠡共同扶助句踐奪回國土，但最後被句踐賜劍自殺。

6 黃池：古代地名，在今河南省封丘西南，濟水和黃溝交會的地方。

譯文

句踐叩頭說：「我不自量力，激起與吳國的戰爭，在會稽受到圍困，痛悔之情深入骨髓之內，日夜不寧，耗盡心力，不思飲食，就是想與吳王一齊死去，是我最大的心願。如今有幸聽大夫告訴我當中的利害關係。」子貢說：「吳王夫差為人兇猛殘暴，群臣已經很難再忍受，國家疲憊腐敗，百姓都埋怨政府，大臣在內部爭權奪利，伍子胥因為直言勸諫而死，太宰嚭阿諛奉承而掌權，這種情況正好是您報復吳國的大好時機。大王若能調配兵馬助他，以激發和逢迎他的想法，贈送珍寶使他心中愉悅，用謙卑的言辭以尊重他，他必定去攻伐齊國。這是大智慧的人所講的委屈守節，以祈求如願的方式。吳王這一戰若不能取勝，是大王的福氣；如果此戰勝利，吳王必定進攻晉國。我回到北方，請求覲見晉國君主，共同進攻夫差，這樣吳國必被削弱。精銳的軍隊在齊國已經損兵折將，大軍又被困在晉國，大王利用他這些錯誤弊端，便可以制服他啊。」

越王句踐叩頭答應。子貢去了五日，越國派遣大夫文種到來，向吳王叩頭說：「越國全境內的士兵三千人，隨時都服從吳國的調遣。」吳王告訴子貢說：「越王想親自跟從我攻打齊國，可不可以？」子貢說：「已經調動他們全部的軍隊，又命令他的君主跟從您作戰，並非有道義的行為。」吳王便接受越王的士卒，辭謝和留下句踐。他自己發動國內的兵馬，討伐齊國，而且打敗了齊國。子貢於是北上，面見晉國君主，請他藉着這個時機，攻打吳國。吳、晉兩國軍隊，便相遇在黃池這個地方。越王乘虛突襲吳國，吳王急速回來與越國戰鬥，最終吳國被滅亡了。孔子說：「擾亂齊國，保存魯國，是我初始的願望。如果使晉國強大，用以擊敗吳國，令吳國滅亡，而越國稱霸，是子貢游說的結果。美妙的言辭，往往會傷害誠信，說話要謹慎啊！」

孔子之舊[1]曰原壤[2]，其母死，夫子將助之以木槨。子路曰：「由也昔者聞諸夫子，無友不如己者，過則勿憚改。夫子憚矣。姑已，若何？」孔子曰：「凡民有喪，匍匐[3]救之，況故舊乎？非友也，吾其往。」及為槨，原壤登木，曰：「久矣，予之不託於音也。」遂歌曰：「狸首之班然[4]，執女[5]手之卷然[6]。」夫子為之隱佯不聞以過之。子路曰：「夫子屈節而極於此，失其與矣。豈未可以已乎？」孔子曰：「吾聞之，親者不失其為親也，故者不失其為故也。」

注釋

1 舊：舊朋友，故友。
2 原壤：魯國人，他的母親死去，他不哭而且唱歌。
3 匍匐：形容竭盡能力幫助。
4 班然：色彩鮮明亮麗。
5 女：即「汝」，你。
6 卷然：細滑而柔和。

譯文

孔子的一個老朋友，名叫原壤，他的母親死去，孔子準備幫助他處理棺木。子路說：「我以往聽聞老師講過，不要結交不如自己的朋友，有過錯不要怕改正。老師好像怕改正了，暫時停止幫助他，是不是這樣做？」孔子說：「凡是人有了喪事，都要竭盡所能去幫忙，何況是我的老朋友呢？如果不是朋友，我也會前往協助。」當孔子處理棺木的時候，原壤攀登上棺木，他說：「好久了，我沒有把心情寄託在音樂裏。」於是唱歌：「棺木像狸首的文彩，非常清晰鮮明，你的手是多麼的柔軟細滑。」孔子替他遮掩，假裝聽不到，便走到別的地方。子路說：「老師委屈節操真是到了極點，已經放下了您的身份，難道不可以與他絕交嗎？」孔子說：「我曾經聽聞，本來是骨肉的至親，不會因為小事，便切斷親屬的關係，本來是很投契的老朋友，不會因為小事情，便切斷老朋友的關係。」

卷九

七十二弟子解第三十八

本篇導讀——

本篇記載孔子的七十二個學生，即後世所流傳的「七十二賢」。孔子為「聖」，學生為「賢」，到後來孟子被尊為「亞聖」。內容與《史記・仲尼弟子列傳》稍有差異，但個個都是道德學問有造詣的人，而且各具奇才絕技，也有成為老師的俊才。自古有「師為弟顯」的說法，學生弟子出色，才能凸顯老師的偉大，所以孔子成為「萬世師表」。

38.1

顏回，魯人，字子淵。少孔子三十歲，年二十九而髮白，三十一早死。孔子曰：「自吾有回，門人日益親。」回以德行著名，孔子稱其仁焉。

閔損，魯人，字子騫。少孔子五十歲，以德行著名，孔子稱其孝焉。

冉有，魯人，字伯牛。以德著名，有惡疾。孔子曰：「命也夫！斯人也而有斯疾，命也夫！」

冉雍，字仲弓，伯牛之宗族。生於不肖之父，以德行著名。

宰予，字子我，魯人。有口才，以語言著名。仕齊，為臨淄大夫，與田常為亂，夷其三族。孔子恥之曰：「不在利病，其在宰予。」

端木賜，字子貢，衛人。少孔子三十一歲，有口才著名，孔子每詘其辯。家富累千金，常結駟連騎，以造原憲。子貢好販，與時轉貨，歷相魯衛而終齊。

冉求，字子有，仲弓之宗族。少孔子二十九歲，有才藝，以政事著名。仕為季氏宰，進則理其官職，退則受教聖師，為性多謙退。故子曰：「求也退，故進之。」

仲由，弁人，字子路，一字季路。少孔子九歲，有勇力才藝，以政事著名。為人果烈而剛直，性鄙而不達於變通，仕衛為大夫，遇蒯聵與其子輒爭國，子路遂死輒難。孔子痛之曰：「自吾有由，而惡言不入於耳。」

言偃，魯人，字子游。少孔子三十五歲，時習於《禮》，以文學著名。仕為武城宰，嘗從孔子適衛，與將軍之子蘭相善，使之受學於夫子。

卜商，衛人，字子夏。少孔子四十四歲，習於《詩》，能通其義，以文學著名。於是衛以子夏為聖。孔子卒後，教於西河之上。魏文侯師事之，而諮國政焉。

顓孫師，陳人，字子張。少孔子四十八歲，為人有容貌資質，寬沖博接，從容自務，居不務立於仁義之行。孔子門人友之而弗敬。

曾參，南武城人，字子輿。少孔子四十六歲，志存孝道，故孔子因之以作《孝經》。齊嘗聘，欲以為卿而不就。曰：「吾父母老，食人之祿，則憂人之事。故吾不忍遠親而為人役。」參後母遇之無恩，而供養不衰。及其妻以藜烝不熟，因出之。人曰：「非七出也。」參曰：「藜烝小物耳。吾欲使熟，而不用吾命。況大事乎？」遂出之，終身不娶妻。其子元請焉，告其子曰：「高宗以後妻殺孝己，尹吉甫以後妻放伯奇。吾上不及高宗，中不比吉甫，庸知其得免於非乎？」

譯文

顏回，魯國人，字子淵，年僅廿九歲而頭髮白了，三十一歲就早死。孔子說：「自從我有了顏回，學生們都與我增加了親近。」顏回以德行著名於世，孔子稱讚他是一位仁慈的人。

閔損，魯國人，字子騫。以品格德行著名，孔子稱讚他孝順。為廿四孝重要人物之一。

冉有，魯國人，字伯牛，以品德著名，患有不治之症。孔子說：「命運啊！這個人有這種病，命運啊！」

冉雍，字仲弓，與伯牛同一宗族。但他的父親不正派。以品德著名。

宰予，字子我，魯國人。很有口才，以能言善辯著名。在齊國做官，擔任臨淄大夫，與田常一起叛亂，被殺三族親屬。孔子對於這個學生感到羞恥，說：「壞事不壞在利益的引誘，是宰予自己所造成。」

端木賜，字子貢，衞國人。有口才而著名，但孔子每次在辯論中，都令他無言以對。家境富裕積累千金，經常帶着四匹馬的車，連同家人騎着馬，拜訪原憲。子貢善於經商，把握時機販賣貨物轉手獲利，歷任魯國和衞國的宰相，最後在齊國做宰相。

冉求，字子有，是仲弓的宗族。多才多藝，以政治事務著名。做了季氏的總管，平時工作處理職務井然有序，有空閒便找老師學習，性情謙虛退讓。因此孔子說：「冉求的退讓，實在是進步。」

仲由，弁邑人士，字子路，一字季路。有勇氣和力量，多才多藝，以政治事務著名。他為人堅決，火烈而剛直，性情有點笨拙，不能變通，在衛國做大夫，遇上蒯聵和蒯輒父子爭位，子路因保護蒯輒而慘死。孔子心痛地說：「自從我有了仲由，那些惡毒的言詞不再進入我的耳朵。」

言偃，魯國人，字子游。時常學習《禮》，以文學創作著名。做武城的地方行政長官，曾跟從孔子去衛國，與將軍的兒子蘭互相友好往來，令他跟隨孔子學習。

卜商，衛國人，字子夏。專門學習《詩經》，能夠貫通其中的義理，以擅長文學著名。於是衛國以子夏作為聖人。孔子逝世後，他教學於西河。魏文侯拜他為老師，而成為諮詢國政的人物。

顓孫師，陳國人，字子張。容貌資質很好，寬宏待人，學問淵博而反應敏捷，從容地處事，卻不堅守仁義的立場。孔子的門人與他友好卻不尊敬他。

曾參，魯國的南武城人，字子輿。時刻心存孝道，孔子因此撰寫了《孝經》。齊國曾經聘請他，想他出任卿的職位，但他不接受。他說：「我的父母都老了，吃人家的俸祿，便要替人分憂，我不忍心遠離親人，而成為別人的僕役。」曾參的後母對他沒有恩情，但對她仍然不停地供養。但他的妻子因為蒸藜沒有蒸熟，他便休了她。有人說：「這樣不符合七出的條規。」他回答：「蒸藜是小事情，我想請她蒸熟，但她不聽我的說話，何況是大事呢？」於是把她休了，而他終身再不娶妻。

他的兒子曾元請曾參續弦，他告訴兒子說：「殷高宗因為後妻，殺了自己的兒子孝己，尹吉甫因為後妻，放逐自己的兒子伯奇。我上不能及高宗，中間比不過尹吉甫，哪知道我不會因後妻犯錯誤呢？」

賞析與點評

傳統五倫關係，有師道倫理，可知尊師的重要性。用現代觀念理解五倫：天——大宇宙，地——地球，君——尊敬君長，親——孝親敬祖，師——尊師重學、尊重歷史。

本姓解第三十九

本篇導讀——

孔子的家族世系，本篇有概括的說明，並且感歎孔子生不逢時，他所憧憬的大同社會雖然沒有實現，仁政未能充分發揮，但留給後世的功勳有很多，刪《詩》述《書》，定《禮》理《樂》，制作《春秋》，贊明《易》道，被人稱為「聖人」，是人文精神的華表。他「一支妙筆，戰勝七雄五霸，幾卷詩禮，流傳億萬斯年」，成為後人的楷模，無冕的「素王」。

孔子之先，宋之後也。微子啟，帝乙[1]之元子[2]，紂之庶兄[3]。以圻內[4]諸侯，入為王卿士。微，國名，子爵。初，武王克殷，封紂之子武庚於朝歌[5]，使奉湯祀。武王崩，而與管、蔡、霍三叔[6]作難。周公相成王東征之。二年，罪人斯得，乃命微子於殷後，作《微子之命》由之，與國於宋，徙殷之子孫。唯微子先往仕周，故封之賢。其弟曰仲思，名衍，或名泄。嗣微子後，故號微仲[7]。生宋公稽。胄子[8]雖遷爵易位，而班級不及其故者，得以故官為稱。故二微雖為宋公，而猶以微之號自終，至於稽乃稱公焉。宋公生丁公申。申生緡公共及襄公熙。熙生弗父何及厲公方祀。方祀以下，世為宋卿。弗父何生宋父周。周生世子勝。勝生正考甫。考甫生孔父嘉。五世親盡，別為公族。故後以孔為氏焉。一曰：孔父者，生時所賜號也，是以子孫遂以氏族。

注釋

1 帝乙：紂王的父親。

2 元子：元配夫人所生之嫡子。

3 庶兄：庶妻所生兒子，但年齡比紂王大，紂王是嫡長子。

4 圻內：帝王都城周圍，千里之內的地方，又稱為京畿。

5 朝歌：殷商的首都。

6 三叔：管叔鮮、蔡叔度、霍叔處，後來三叔作亂造反。

7 微仲：一說是微子啟與弟弟思仲的合稱，一說微是國名，仲是思仲，本文用此說。

8 冑子：帝王及貴族的兒子，入太學讀書，修文習武，都稱為冑子。

譯文

孔子的祖先，是宋國的後裔。微子啟，是帝乙的長子，紂王的異母兄長。因為是京畿王城內的諸侯，所以做了紂王的卿士。微，是諸侯國的名稱，屬於子爵。初時，周武王打敗了殷商，冊封紂的兒子武庚去朝歌，使他可以延承商湯的祭祀。周武王駕崩，武庚和管叔鮮、蔡叔度、霍叔處三人共同叛變。周公當時輔助成王，向東方征戰，打了兩年，才捉拿到叛逆的人，便命令微子啟繼承為殷的後人，並作了《微子之命》來告誡他，安排他定居於宋國，將殷的子孫都遷徙在一起。只有微子啟最先到達，而且在周朝做官，因為他的賢德而被分封。他的弟弟名叫仲思，又叫衍，或叫做泄。繼承了微子啟的爵位，因此稱號為微仲。微仲生了宋公稽，凡是嫡長子，雖然升了官爵而變了位，但官位的品級，還是不及原來的高，便得以用舊官銜作為稱呼。因此微子和微仲兩人，雖然做了宋公，仍舊以微子自稱，直到死去，到了稽，才稱為宋公。宋公稽生了公申，公申生了緡公和襄公熙，熙公生了弗父何和厲公方祀，方祀以下的繁衍，世代都成為宋國的卿士。弗父何生了宋父周，宋父周生了世子勝，世子勝生了正考甫。正考甫生了孔父嘉，經歷五個世代，親屬關係終結，另外立一個族，所以他的後人，便以孔氏為姓了。一種說法，孔父的名稱，是他出生時所賜的名號，因而子孫都用作氏族的名稱。

39.2

孔父生子木金父。金父生睪夷。睪夷生防叔，避華氏[1]之禍而犇魯。防叔生伯夏。夏生叔梁紇。曰：「雖有九女，是無子。」其妾生孟皮，孟皮一字伯尼，有足病，於是乃求婚於顏氏。顏氏有三女，其小曰徵在。顏父問三女曰：「陬大夫[2]雖父祖為士，然其先聖王之裔。今其人身長十尺，武力絕倫，吾甚貪之[3]，雖年大性嚴，不足為疑。三子孰能為之妻？」二女莫對。徵在進曰：「從父所制，將何問焉？」父曰：「即爾能矣。」遂以妻之。徵在既往，廟見，以夫之年大，懼不時有男，而私禱尼丘山以祈焉。生孔子，故名丘字仲尼。孔子三歲而叔梁紇卒，葬於防，至十九，娶於宋之上官氏。生伯魚。魚之生也，魯昭公以鯉魚賜孔子，榮君

之貺[4]，故因以名鯉，而字伯魚。魚年五十，先孔子卒。

注釋

1 **華氏**：宋元公十年，發生華氏作亂事件。

2 **陬大夫**：指叔梁紇。

3 **貪之**：非常喜歡他，想得到他。

4 **貺**（粵：放；普：kuàng）：贈送，恩賜。

譯文

孔父生了兒子木金父，木金父生了睪夷，睪夷生了防叔，為躲避華氏相爭的禍患，就逃到魯國。防叔生了伯夏，伯夏生了叔梁紇，被人說：「雖然有九個女，但是沒有兒子。」他的妾生了孟皮，孟皮另一字是伯尼，患有腳病，叔梁紇於是向顏氏求婚。顏氏有三個女兒，最小的名叫徵在。顏父詢問三個女兒說：「陬大夫叔梁紇的父親和祖父，雖然都是士族的讀書人，其實他的祖先是聖王的後裔，現時他身高十尺，武力無與倫比，我特別喜歡他，雖然年紀有點大，不過性格嚴謹，不值得疑慮。你們三人，哪一個願意成為他的妻室？」兩位大女兒沒有回應。顏徵在上前說：「女兒依從父親大人的安排，有甚麼可問的呢？」顏父說：「即是你可以了。」就把顏徵在嫁往孔家。顏徵在便去孔家，拜見祖先和公婆，認為丈夫年紀太大，懼怕不能及時生男孩，於是私下到尼丘山祈禱。後來生了孔子，因此取名丘，字仲尼。孔子三歲，父親叔梁紇死去，埋葬在防這個地方，直至孔子十九歲，娶了宋國上官氏女子做妻子。孔子生了伯魚，伯魚出生的時候，魯昭公賜鯉魚給孔子，他以君主的恩賜而感到光榮，因此為兒子取名為鯉，表字為伯魚。伯魚活到五十歲，比孔子先死去。

39·3

齊太史[1]子與適魯，見孔子。孔子與之言道，子與悅，曰：「吾鄙人也，聞子之名，不覩子之形，久矣！而未知寶貴也。乃今而後知泰山之為高，淵海為大。惜乎夫子之不逢明王，道德不加於民，而將垂寶以貽後世。」遂退而謂南宮敬叔曰：「今孔子先聖之嗣，自弗父何以來，世有德讓，天所祚也。成湯以武德王天下，其配在文。殷宗已下，未始有也。孔子生於衰周，先王典籍，錯亂無紀；而乃論百家之遺記，考正其義，祖述堯、舜，憲章文、武，刪《詩》述《書》，定禮理樂，制作《春秋》[2]，贊明《易》道[3]，垂訓後嗣，以為法式，其文德著矣。」

然凡所教誨，束脩已上，三千餘人。或者天將欲與素王之乎？夫何其盛也。」敬叔曰：「殆如吾子之言。夫物莫能兩大。吾聞聖人之後，而非繼世之統，其必有興者焉。今孔子之道至矣，乃將施乎無窮，雖欲辭天之祚，故未得耳。」子貢聞之，以二子之言告孔子。子曰：「豈若是哉？亂而治之，滯而起之，自吾志。天何與焉！」

注釋

1 太史：朝廷史官的總管。

2 制作《春秋》：孔子替魯國編寫歷史，上起魯隱公元年，下迄魯哀公十四年，約二百四十二年。

3 贊明《易》道：孔子撰述《易經》十翼，因眾多的出土文獻證據，已被世人所認同。

譯文

齊國的國家歷史官員子與，到魯國會見孔子。孔子跟他談論了廣泛的學說和道理，子與很喜悅，說：「我是一個鄙陋低下的人，聽聞先生你的大名，還沒有一覩你的形象，很久都已經在祈盼！但仍然不知道寶貴珍惜呢。直到現今才知道，先生你有泰山的崇高，深海的廣大。可惜老師你不能遇上英明的君王，令你的道德理想施惠教化人民，只能夠將你寶貴的哲理文化，留給後世潤澤民眾。」於是便離開，對南宮敬叔說：「如今孔子是先世聖人的後裔，自從弗公何之後，世代都有道德謙讓的品格，這是上天賜予的福蔭。成湯憑着武功德行，興旺天下，應該配合文德，由殷高宗以下，從來沒有開始過文德的教化。孔子出生在衰退的周代，以往聖王的典籍，已經錯亂無章節；於是他討論諸子百家的學說，研究他們留下的記錄，考據正確的義理，追述堯、舜的歷史政治，效法周文王、武王的規章制度，刪去《詩經》的淫詞，編述《尚書》，定立禮教和調理樂曲，撰寫制作《春秋》的歷史，闡明《易經》的大道，將訓誨流傳後人，作為法度的範式，他的文德已經形成一個系統了。接受他教育，正式交學費上課的人，達三千餘人，或者上天將會給予他素王的美譽？是多麼偉大的盛事啊。」南宮敬叔說：「如果像你所講那樣，偉大的人物，也不能同時做到文德和武德兩大成就。我聽聞，聖人的後代如果不是繼承世代的系統，必定在另一方面有所興盛。如今孔子的道德學問，已經達到顛峰了，將會施行達於無窮的年月，永續流傳，雖然想辭謝上天的福蔭，也是做不到的。」子貢聽聞這番話，把他們兩人的對話內容，告訴了孔子。孔子說：「怎可能是這樣？我只不過在亂世之中，加以整理停滯的禮樂教育等等，重新興起推行，只是我個人的志願興趣。上天沒有特別給予我甚麼東西！」

賞析與點評

因為唱歌容易感染人心，流行的詩歌，小孩就能朗朗上口，所以孔子一定要刪去《詩經》中的淫詞豔曲，以免流傳後世，遺害深遠。這再一次證明孔子特別重視禮樂教化。

終記解第四十

本篇導讀——

本篇記載孔子臨終前後的事情，一些喪禮的安排和學生對他的緬懷，很多人都敬惜聖人的離去，造成人潮湧動的情景。孔子自知接近生命盡頭，從容作歌，雖然有點嗟歎，但仍是自在閒逸地與天地合一。

40.1

孔子蚤晨作[1]，負手曳杖，逍遙於門而歌曰：「泰山其頹乎！梁木其壞乎！哲人其萎乎！」既歌而入，當戶而坐。子貢聞之，曰：「泰山其頹，則吾將安仰？梁木其壞，則吾將安杖？哲人其萎，吾將安放？夫子殆將病也。」遂趨而入。夫子歎而言曰：「賜！汝來何遲。予疇昔[2]夢坐奠於兩楹之間，夏后氏殯於東階之上，則猶在阼；殷人殯於兩楹之間，則與賓主夾之；周人殯於西階之上，則猶賓之。而丘也即殷人，夫明王不興，則天下其孰能宗余？余殆將死。」遂寢病，七日而終。時年七十二矣。

注釋

1 蚤晨作：很早便起來。

2 疇昔：昨晚，或近日之內。

譯文

孔子早上起來，拖着手杖，雙手背負，逍遙自在地於門前唱歌：「泰山怕會崩坍嗎？棟樑可會腐壞嗎？才德兼備的智者，將會萎靡凋零嗎？」唱完歌之後，便步入屋內，對着門口而坐。子貢聽聞，說：「泰山崩坍，我將要仰慕誰人？棟樑腐壞，我將要依杖誰人？才德兼備的智者萎靡，我將效法誰人？老師恐怕要生病了。」於是急步走入。孔子歎息説：「子貢！你為何來得那麼遲。我昨晚夢見自己坐在兩幅楹聯之間，接受別人的奠儀饋食。夏朝將靈柩放在東階上面，仍然是主人的位置；殷商人將靈柩停放在兩幅楹聯之間，是主人和賓客夾雜在一起；周朝將靈柩停放在西階上面，仍然待以賓客的禮儀。我是殷代的後人，因為沒有英明的君王興起，那麼天下不知誰人來尊重我？我也差不多要死去了。」由此臥病在床上，七日後便逝去。這時是七十二歲了。

40.2

哀公誄[1]曰：「旻天不弔[2]，不整遺[3]一老，俾屏余一人以在位。煢煢余在疚，於乎！哀哉！尼父無自律[4]。」子貢曰：「公其不沒於魯乎？夫子有言曰：『禮失則昏，名失則愆[5]。失志為昏，失所為愆。』生不能用，死而誄之，非禮也；稱一人，非名。君兩失之矣。」

注釋

1 誄（粵：耒；普：lěi）：敍述死者生前德行和功業，並致以哀悼的文辭。

2 不弔：不憐恤。

3 不整遺：整，亦作「憖」。不願意遺留給他人。

4 無自律：沒有了可以令自己效法的自律標準。

5 愆（粵：軒；普：qiān）：罪過。

譯文

魯哀公致悼念詞說：「上天實在不憐惜，不願意留下一位老人，使他可以遮擋保護我，一人居於君位。我獨自沉浸在悲傷內疚之中，嗚呼哀哉！尼父孔老先生離去了，我無法找到規矩效法，作為自律的準則。」子貢說：「您恐懼不會死在魯國吧？老師有話留下：『禮義喪失了，便會昏聵，名聲喪失了便會犯錯。喪失了志氣便是昏聵，喪失了所處的地位便是過錯罪愆。』老師在生時不能任用他，死了之後才悼念他，這不合禮儀；不是周天子，而自稱一人，不符合名分。您在這兩件事情上，都犯了過失。」

40.3

既卒，門人疑所以服[1]夫子者。子貢曰：「昔夫子喪顏回也，若喪其子而無

服。喪子路亦然。今請喪夫子若喪父而無服。」於是弟子皆弔服而加麻[2]。出有所之，則由絰[3]。子夏曰：「入宜絰可也，出則不絰。」子游曰：「吾聞諸夫子，喪朋友，居則絰，出則否；喪所尊，雖絰而出，可也。」

注釋

1 服：穿着喪服。

2 麻：披麻製的喪服。

3 絰（粵：秩；普：dié）：喪禮期間，在頭上或腰部結繫葛麻布帶。

譯文

孔子逝世後，學生們討論如何為老師服喪。子貢說：「以往老師在顏回的喪禮中，好像喪失自己的兒子，沒有穿喪服。子路死了，也依然如此。如今我們逝去了老師，要像死了父親一樣，不一定穿喪服。」於是學生們都着黑色服裝，外面披上麻布。出門到別的地方，便把麻布帶子紮在頭上。子夏說：「在家中可以用麻做的腰帶，出門就不必把麻帶子紮在頭上。」子游說：「我聽聞老師所講，死去朋友，在家中便繫麻帶，出門便不用了；死去尊長，繫麻帶外出是可以的。」

孔子之喪，公西赤掌[1]殯葬焉。唅以踈米三具[2]，襲衣[3]十有一稱，加朝服一，冠章甫之冠，珮象環，徑五寸而綦組綬[4]，桐棺四寸，柏棺五寸，飭棺牆，置翣設披，周也；設崇[5]，殷也；綢練設旐[6]，夏也。兼用三王禮，所以尊師，且備古也。

注釋

1 掌：主持。

2 三具：三枚銅錢或錢幣。

3 襲衣：屍體所穿的衣服。

4 綦組綬：青黑色的絲帶飾物，或稱印綬，是孔子生前喜歡的佩飾。

5 崇：旌旗上的周邊剪成齒狀。

6 旐：出殯時為棺柩引路的幡旗。

譯文

孔子逝世後，由公西赤主持殯斂和下葬的事務。安排孔子口中含粳米和三枚錢幣，身上穿十一套衣物，外加朝會用的禮服一套，戴上殷代的冠帽，佩着象牙造的環形飾物，直徑五寸，以青黑色絲帶配合結紮，桐木做成的外棺厚四寸，柏木做成的內槨厚五寸，粉飾了安靈室，用白布蒙起扇形的棺飾，以帛料做喪具，便於拉動靈車，這些按照周代喪禮而設；設有齒狀的旗飾，這些按照殷代喪禮；以白色絲綢包裹旌旗的槓，前面有人高舉引路的幡，這些按照夏代喪禮。兼用夏、商、周三代的喪禮佈置，就是要表示尊重老師，且可以使古禮更為完備。

‖40.5

葬於魯城[1]北泗水上，藏入地不及泉。而封為偃斧[2]之形，高四尺，樹松柏為志[3]焉。弟子皆家於墓，行心喪之禮。既葬，有自燕[4]來觀者，舍於子夏氏。子貢謂之曰：「吾亦人之葬聖人，非聖人之葬人。子奚觀焉？昔夫子言曰：『吾見封若夏屋者，見若斧矣。從若斧者也。』馬鬣封之謂也。今徒一日三斬板而以封，尚行夫子之志而已。何觀乎哉？」二三子三年喪畢，或留或去。惟子貢廬於墓六年。自後群弟子及魯人處墓如家者，百有餘家。因名其居曰「孔里」焉。

注釋

1 魯城：魯國的首都，即現在的曲阜。

2 偃斧：好像一把斧頭在仰臥。

3 志：標誌。

4 燕：燕國。在現今河北省境內。

譯文

埋葬在魯國都城北面的泗水旁邊，藏在地下沒有泉水的深度。墳墓堆高成仰臥的斧形，高約四尺，種植松樹和柏樹作為標誌。學生們都在墓旁建屋安家，內心的悲傷，如穿喪服行禮一樣。安葬完畢，有從燕國到來觀禮的人，住在子夏家裏，子貢對這個人說：「我們只是普通人安葬德才修養達到最高境界的人，不是德才修養最高境界的人來安葬他人，你能參觀到甚麼呢？以往老師曾經講：『我見到墳墓像夏代的大屋，中間高而四周低，外形好像仰臥的斧頭，都是民間普遍的形式。』封土有如馬的長鬃毛。如今一日之內築成三板，也能夠實行老師的想法吧。有甚麼可看呢？」多名學生守喪三年完畢，有留下的或者離去。只有子貢一人結廬，在墓旁守護了六年。從此之後，一班學生和魯國的人，在墓旁建家的人，有百多戶人口，於是大家叫這個地方為「孔里」了。

正論解第四十一

本篇導讀——

孔子正面談論當時的政治人物，因為他們的一言一行，都影響着老百姓。孔子直率地表達自己的意見，因此名為「正論」，希望學生從事件中學習。本篇有二十七章故事，在此只摘取其中數章，與讀者分享。

孔子在齊，齊侯出田[1]，招虞人[2]以弓，不進，公使執之。對曰：「昔先君之田也，旃以招大夫，弓以招士，皮冠以招虞人。臣不見皮冠，故不敢進。」乃舍之[3]。孔子聞之，曰：「善哉！守道不如守官，君子韙[4]之。」

注釋

1 出田：出外田獵，到郊外打獵。

2 虞人：管理山澤的官員。

3 舍之：釋放。

4 韙：善良正確。

譯文

孔子在齊國的時候，有一次，齊侯到郊野打獵，高舉長弓，用以召喚主管山川的官員，卻沒有人來，齊侯便派人捉他來。他對齊侯說：「過往那些已故的君主，他們在郊野打獵的時候，用彩色大旗召喚大夫，用長弓召喚士卿，用皮冠召喚山川的主管。我沒看到皮冠，因此不敢來這裏。」於是齊侯便放了他。孔子聽聞這件事，說：「真是好啊！守護大道正理，不如守護國家的法律和官員的職責，有道德修養的人，也認為這位山川的主管是正確的。」

41.2

齊國書[1]伐魯，季康子使冉求率左師[2]禦之，樊遲為右。「非不能也，不信乎。請三刻而踰[3]之。」如之，眾從之。師入齊軍。齊軍遁[4]。冉有用戈，故能入焉。孔子聞之，曰：「義也。」既戰，季孫謂冉有曰：「子之於戰，學之乎？性達之乎？」對曰：「學之。」季孫曰：「從事[5]孔子，惡乎學[6]？」冉有曰：「即學之孔子也。夫孔子者大聖，無不該[7]，文武[8]竝用兼通。求也適聞其戰法，猶未之詳也。」季孫悅。樊遲以告孔子，孔子曰：「季孫於是乎可謂悅人之有能矣。」

注釋

1 國書：人名，是齊國的「卿」級官員。
2 師：是地方的軍隊，可分為左右兩師。
3 踰：超越，守兵要超過的界限，指越過護城河。
4 遁：戰敗逃遁。
5 從事：跟從孔子學習。

6 惡乎學：怎麼學到的。

7 該：通「賅」。包括。

8 文武：文韜武略的才能。

譯文

齊國派了國書領軍攻伐魯國，季康子調派冉求率領地方主部隊抵禦，樊遲為輔助的右翼。冉求說：「不是我們沒有能力，只是大家有點不信任你。我請求在三刻鐘內，越過護城河，全力進攻吧。」

季康子接受他的建議，眾多兵馬跟從衝鋒。軍隊攻入齊軍陣地，齊國士卒慌忙逃遁，冉有舞動長戈，輕易進入敵陣。孔子聽聞這個消息，說：「正義的勇氣啊。」

戰爭結束，季康子問冉求說：「你對於戰爭的軍事知識，是學習而來，抑或天性所能呢？」冉求說：「學習而來。」季康子說：「你跟隨孔子，怎樣學到的？」冉求說：「就是向孔子直接學到的。孔子是偉大的聖者，知識無所不包，文武並用而兩樣兼通。我也是剛剛學習了一些戰鬥方法，仍然未達到詳盡的地步。」季康子很喜悅。樊遲將這番話告訴孔子，孔子說：「這樣看，季康子很喜歡有才能的人。」

南容說[1]、仲孫何忌[2]既除喪，而昭公在外[3]，未之命也。定公即位，乃命之。辭曰：「先臣有遺命[4]焉，曰：夫禮，人之幹也，非禮則無以立。囑家老，使命二臣必事孔子而學禮，以定其位。」公許之。二子學於孔子，孔子曰：「能補過者，君子也。《詩》[5]云：『君子是則是效。』孟僖子可則效矣。懲己所病，以誨其嗣。《大雅》[6]所謂『詒厥孫謀，以燕翼子。』是類也夫！」

注釋

1 南容說：即南宮敬叔，孟僖子的兒子。
2 仲孫何忌：即孟懿子，孟僖子的兒子。
3 昭公在外：當時的魯昭公，被季孫氏放逐外地。
4 遺命：遺囑，囑託。
5 出自《詩經．小雅．鹿鳴》。
6 出自《詩經．大雅．文王有聲》。

譯文

南宮敬叔和仲孫何忌兩人，已經除掉父親孟僖子的喪服，但魯昭公流亡在外，沒有任命他們卿大夫的職位。魯定公繼承了君主的位置，便任命他倆。他們推辭說：「先父有一個遺囑，說：禮是人生的主幹，沒有禮便沒有立足的地方。囑託我家中的長輩，命令我們兄弟兩人，跟隨孔子學習禮義，以定立自己的位置。」昭公答允了。他們二位便向孔子學禮，孔子說：「能夠補救自己的過錯，就是君子的行為。《詩》說：『有道德修養的人，人人都可以效法和學習。』孟僖子便是可以效法的榜樣。懲責自己的毛病，用以教育訓誨後人。《大雅》所說『為子孫順利延續而安排，作出很好的打算和謀略。』便是這一類人了！」

‖41.4

叔孫穆子[1]避難奔齊，宿於庚宗[2]之邑。庚宗寡婦通[3]焉，而生牛。穆子反魯，以牛為內豎，相家[4]。牛讒叔孫二人，殺之。叔孫有病，牛不通其饋[5]，不食而死。牛遂輔叔孫庶子昭而立之。昭子既立，朝其家眾曰：「豎牛禍叔孫氏，使亂大從，殺適立庶，又披其邑[6]，以求舍罪。罪莫大焉！必速殺之。」遂殺豎牛。孔子曰：「叔孫昭子之不勞[7]，不可能也。周任[8]有言曰：『為政者不賞私勞，不罰私怨。』《詩》[9]云：『有覺德行，四國順之。』昭子有焉！」

注釋

1 叔孫穆子：即叔孫豹。他哥哥叔孫僑淫亂，因此他逃往齊國避難。

2 庚宗：是魯國一個小縣城。

3 通：淫亂通奸。

4 相家：做大夫家中的總管。

5 不通其饋：假稱叔孫有病，阻止其他人會見，且不送食物給叔孫。

6 披其邑：分割他人的土地。此處指叔孫氏擁有的東鄙三十邑，被豎牛取去以賄賂季孫氏的家臣南遺。

7 不勞：不領取功勞。

8 周任：是古代一位賢士。

9 出自《詩經．大雅．抑》。

譯文

叔孫穆子為躲避哥哥叔孫僑的加害，逃奔到齊國，路上住在魯國的邑縣庚宗，與當地一位寡婦私通，而生下兒子，叫做牛。叔孫穆子返回魯國，用兒子阿牛做宮內小官，逐漸掌管了家政。阿牛誣陷叔孫穆子的兩個兒子，最後殺害了他們。叔孫穆子有病，阿牛不給予飲食，最後便餓死了。阿牛便輔助穆子的庶子叔孫昭承繼家產。叔孫昭繼位後，召見他的全家人說：「豎牛禍害叔孫氏，使家族大亂沒有秩序，而且殺了嫡子，擁立庶子，又割除叔孫氏的東邑。他希望赦免自己的罪行。他罪大惡極！必定要速速殺死他。」於是便把阿牛殺了。孔子說：「叔孫昭子認為阿牛扶助自己，是沒有功勞的，這種做法是不可以的。古人周任講過：『處理國家政務，不會獎賞私人的功勞，不處罰私人的恩怨。』《詩經》說：『有光明正大的德行，四方都會順從他。』叔孫昭子便具備了這種德行！」

41.5

子曰：「小子識之！苛政猛於暴虎。」

譯文

孔子說：「年青人要緊記啊！苛刻殘酷的政策，比兇惡暴戾的猛虎還可怕。」

卷十

曲禮子貢問第四十二

本篇導讀——

曲禮便是禮儀，古代禮的含意廣泛。毫無疑問孔子是一個禮學專家，而且自己身體力行，非禮的事情，絕不去做，因此孔子的學生，都從很多不同角度，向他請教各種禮的問題。本篇有三十一章故事，內容非常豐富。

子貢問於孔子曰：「晉文公[1]實召天子，而使諸侯朝焉。夫子作《春秋》[2]，云天王[3]狩於河陽[4]。何也？」孔子曰：「以臣召君，不可以訓。亦書其率諸侯事天子而已。」

注釋

1 晉文公：春秋五霸之一。他很不禮貌地召喚天子，以顯示霸主的「尊王」姿態。

2《春秋》：由孔子編定，記載魯國十二位君主，是中國第一部編年體史書，影響深遠。

3 天王：指周天子，有別於諸侯的國王。

4 河陽：春秋時代屬於晉國範圍。在今河南省孟縣以西。

譯文

子貢問孔子說：「晉文公將天子召喚過去，使諸侯們去朝見。老師在寫《春秋》時，說是天子在河陽視察。到底為甚麼呢？」孔子說：「以臣下的身份召喚君王，不可以傳揚。我這樣寫，要寫成晉文公率領諸侯，前來朝拜天子而已。」

孔子在宋，見桓魋[1]自為石槨[2]，三年而不成，工匠皆病。夫子愀然[3]曰：「若是其靡[4]也，死不如速朽之愈。」冉子[5]僕，曰：「禮，凶事不豫[6]。此何謂也乎？」夫子曰：「既死而議謚[7]，謚定而卜葬，既葬而立廟，皆臣子之事[8]，非所豫屬也。況自為之哉？」

南宮敬叔以富得罪於定公，犇衛。衛侯請復之，載其寶以朝。夫子聞之，曰：「若是其貨也，喪不若速貧之愈。」子游侍，曰：「敢問何謂如此？」孔子曰：「富而不好禮[9]，殃也。敬叔以富喪矣，而又弗改。吾懼其將有後患也。」敬叔聞之，驟如孔氏，而後循禮施散[10]焉。

注釋

1 桓魋：姓司馬，孔子學生司馬黎耕的兄長。
2 石槨：石做的棺柩外層。
3 愀然：既憂心又恐懼。
4 靡：奢靡，奢侈。
5 冉子：冉求。
6 不豫：不作事前預備。

7 謚：人死後所得的稱號，依據他生前的行為道德而定。

8 臣子之事：指替君主卜葬及立廟等事情，是尊敬的禮儀，當然不能早有預備。

9 施散：為了施惠窮人，自己散去財產也不計較。

譯文

孔子在宋國，見到宋國的司馬桓魋為自己造了一副石棺槨，做了三年還沒有完成，工人都病倒了。孔子非常憂懼地說：「好像這樣奢靡浪費，死去了不如快速腐朽更好。」冉求當時駕着車，說：「禮的規矩，喪事不能預先準備。這是甚麼原因呢？」孔子說：「死去然後議定一個謚號，謚號定了才能擇吉安葬，葬禮完畢，然後建立廟宇，這些都是下臣和兒孫要做的事，不是先逝的人預先囑託的。何況是自己替自己先行安排？」

南宮敬叔因為擁有很多財富，得罪了魯定公，逃亡到衞國。衞國諸侯請他回國，他載着珍寶，回國朝見魯定公。孔子聽聞這個消息，說：「好像這樣貪戀貨財，喪失爵位，不如快速貧窮更好。」子游侍奉在旁，說：「胆敢請問這是甚麼原因呢？」孔子說：「如果富貴之後，不喜歡禮義，會成為災難。南宮敬叔因為財富龐大，已經喪失爵位了，而且又不肯改正，恐怕他將有後繼的禍患。」南宮敬叔聽聞這番話，多次到孔子家裏拜訪請教，然後遵循禮義，施惠窮人，散去了很多財產。

42.3

孔子在齊，齊大旱，春饑。景公問於孔子曰：「如之何？」孔子曰：「凶年[1]則乘駑馬[2]，力役[3]不興，馳道不脩[4]，祈以幣玉，祭事不懸，祀以下牲[5]。此則賢君自貶以救民之禮也。」

注釋

1 凶年：有災殃的荒年。

2 駑馬：能力低下的次等馬。

3 力役：勞役。

4 馳道不脩：不維修君主行走的大路。

5 下牲：次一等的牲畜。因為要儉約，祭祀也用次等物品，顯示君主與民眾同甘共苦。

譯文

孔子在齊國，齊國遇上大旱，第二年的春天便造成饑荒。齊景公問孔子：「應該怎麼辦好？」孔子說：「有災害的凶年，君主騎最低劣的馬，勞役都停止，道路的大工程也不修建，用寶玉和布帛去祈禱上天，祭禮的時候不奏樂，祀神只用下等的牲畜。這便是賢良君王自己委屈個人，用以救援民眾撫恤老百姓的禮義了。」

42.4

孔子適季氏，康子晝居內寢[1]。孔子問其所疾，康子出見之。言終，孔子退。子貢問曰：「季孫不疾，而問諸疾，禮與？」孔子曰：「夫禮，君子不有大故[2]，則不宿於外；非致齊[3]也，非疾也，則不晝處於內[4]。是故夜居外，雖弔之可也；晝居於內，雖問其疾[5]可也。」

注釋

1 內寢：內室睡覺的地方。

2 大故：重大事故，多指喪事或戰事，已經超越家庭的範疇。

3 致齊：齊，通「齋」。舉行典禮或祭祀前，要清心寡慾地修養調整。

4 不晝處於內：不能白天關在房內。這是一種禮節，也藉此激勵人們勤奮做事。

5 問其疾：問候他生了甚麼病。知道別人行為異常，首先向人問病，表達關心的誠意。

譯文

孔子到了季康子的家，季康子日間仍在房內。孔子問他得了甚麼病，季康子出房見他。交談後，孔子告退了。子貢問：「季康子不是生病，而您問候他得了甚麼病，是否合禮？」孔子說：「禮的規矩，君子沒有重大的事情，就不能留宿在外；並非祭祀前修養身心或有病在身，就不能白天關在房內。因此夜間在外住宿，慰問或弔唁他，是可以的；白天關在房內，問候他生了甚麼病，是可以的。」

42.5

冉求曰：「臧文仲[1]知魯國之政，立言垂法，於今不可亡，可謂知禮者矣。」孔子曰：「昔臧文仲安知禮？夏父弗忌[2]逆祀，而不止，燔柴[3]於竈[4]以祀焉。夫竈者，老婦[5]之所祭。盛於甕，尊於瓶，非所祭也。故曰：禮也者，猶體也。體不備，謂之不成人。設之不當，猶不備也。」

注釋

1 臧文仲：有作「昔文仲」。是魯國著名的賢者，任大夫的職位，經歷莊、閔、僖、文四位君主。

2 **夏父弗忌**：有作「夏父弗綦」。當時為魯國的宗伯，主持宗廟之禮。

3 **燔柴**：燔，焚燒。是祭天時的禮儀之一。將薪柴放在祭壇上，焚燒時把玉圭和牲畜放在柴火上，令熱氣熏蒸上升到天。

4 **竈**：同「灶」，家中的廚房。燔柴在竈，是非禮的行為。

5 **老婦**：家中老婦人，是主持祭竈神的人。

譯文

冉求說：「臧文仲主持魯國政務的時候，定立言論成為日後的法則，至今不會消失，可稱得上熟識禮義了。」孔子說：「以往臧文仲怎可以算得上知禮？夏父要將僖公置於閔公之上，這種忌諱逆祀的錯亂，他都不敢違命而加以阻止，反而積柴在灶，以便祭祀。祭灶的工作，是由老婦人處理的事，將食物放在甕裏，將酒放在瓶裏，並非用以祭天的。因此說：禮的狀態，好像身體一樣。身體不能夠完備，便叫做不成人。禮儀設施不恰當，即是不完備。」

42.6

孔子在衞，司徒敬之[1]卒，夫子弔焉。主人不哀，夫子哭不盡聲而退。蘧伯玉

請曰：「衛鄙俗，不習喪禮，煩吾子[2]辱相[3]焉。」孔子許之。掘中霤[4]而浴，毀竈而綴足，襲於床[5]；及葬，毀宗[6]而躐行[7]；出於大門，及墓，男子西面[8]，婦人東面，既封而歸，殷道也，孔子行之。子游問曰：「君子行禮，不求變俗，夫子變之矣。」孔子曰：「非此之謂也，喪事則從其質而矣。」

注釋

1 敬之：亦作「敬子」。
2 吾子：對人的尊稱。
3 辱相：辱，禮貌地說令人屈就。相，儐相的贊禮工作。請別人幫忙贊禮的事務。
4 掘中霤：挖掘房間中央，使洗屍體的水流入坑內。
5 襲於床：在床上替死者穿衣服。
6 毀宗：毀掉宗廟。殷代的人在廟內舉殯，將靈柩抬走時，毀掉廟門西邊的牆。
7 躐行：經過，超越而前進。
8 西面：望着西方。

譯文

孔子在衞國的時候，衞國的司徒敬之死去，孔子前往弔唁。主人沒有悲哀，孔子沒有盡情哭泣，便告退了。蘧伯玉問：「衞國的鄙薄風俗，沒有充分學習喪禮，勞煩老師您屈就，幫助贊禮的事務。」孔子答應了他。在室內挖一個坑，作為浴屍之用，毀了死者家中的灶，把他的腳綴包起來，在床上替死者穿好衣服；在廟裏舉殯，毀掉廟門西邊的牆，將靈柩向前，來到墓地，男人面向西，女人面向東，一直完成封墳之後才回來，這是殷代的喪禮儀式。孔子是這樣實行。子游問孔子：「君子在推行禮教時，不要求改變現有的習俗，而老師改變了。」孔子說：「不是你所說的意思，喪禮的事情，依據質樸的原則而做吧。」

曲禮子夏問第四十三

本篇導讀——

本篇與上一篇類似，都是孔子談論禮儀的各種情況，共有二十七章，因前八章由子夏提問，故用為篇名。

子夏問於孔子曰：「居父母之仇如之何？」孔子曰：「寢苫[1]枕干[2]，不仕[3]，弗與共天下也。遇於朝市，不返兵[4]而鬥。」曰：「請問居昆弟之仇如之何？」孔子曰：「仕弗與同國，御國命[5]而使，雖遇之不鬥。」曰：「請問從父昆弟之仇如之何？」曰：「不為魁[6]，主人能報之，則執兵而陪其後。」

注釋

1 苫：草墊。古人在守喪期間，必須睡在草墊上。

2 枕干：枕着兵器而睡。喻報仇心切，隨時準備與仇人戰鬥。

3 不仕：不做官。因為一心準備報仇。

4 不返兵：不回家取兵器。

5 御國命：有作「銜君命」。奉國家的命令。

6 不為魁：不做首領或帶頭人。

譯文

子夏問孔子：「身負父母的報仇問題，應該如何處理？」孔子說：「睡在草墊上，頭枕着武器，不出來做官，不與仇人共同在世界中活着。在朝廷或市集遇上仇人，不回去拿兵器，就立刻和他搏鬥至死。」子夏說：「請問身負兄弟的報仇問題，應該如何處理？」孔子說：「不和仇人在一個國家做官，得到國家的命令出使外地，雖然遇上了仇人，也不可跟他打鬥。」子夏說：「請問對於堂兄弟的報仇問題，應該如何處理？」孔子說：「不做帶頭人，他的兒子能夠為父母報仇，便執起兵器，跟在他的後面。」

‖43.2

子夏問於孔子曰：「記云：周公相成王，教之以世子之禮。有諸？」孔子曰：「昔者成王嗣立，幼未能莅阼[1]，周公攝政[2]而治，抗[3]世子之法於伯禽，欲王之知父子、君臣之道，所以善[4]成王也。夫知為子者，然後可以為父；知為人臣者，然後可以為人君；知事人者，然後可以使人。是故抗世子法伯禽，使成王知父子、君臣、長幼之義焉。凡君之於世子，親則父也，尊則君也。有父之親，有君之尊，然後兼天下而有之，不可不慎也。行一物[5]而善者，唯世子齒於學之謂也。世子齒於學，則國人觀之，曰：『此將君我[6]，而與我齒讓[7]，何也？』曰：『有父在，則禮然。』然而眾知父子之道矣。

其二曰：『此將君我，而與我齒讓，何也？』曰：『有臣在，則禮然。』然而眾知君臣之義矣。其三曰：『此將君我，而與我齒讓，何也？』曰：『長長也，則禮然。』然而眾知長幼之節矣。故父在斯為子，君在則為臣。居子與臣之位，所以尊君而親親也。在學，學之為父子焉，學之為君臣焉，學之為長幼焉。父子、君臣、長幼之道得，而後國治。語曰：『樂正司業，父師司成[8]，一有元良，萬國以貞[9]。』世子之謂。聞之曰：『為人臣者，殺其身有益於君，則為之。』況於其身以善其君乎？周公優為之。」

注釋

1 莅阼：莅，亦作「涖」或「蒞」，到臨。臨朝處理政務。

2 攝政：由大臣代行政事。

3 抗：舉。

4 善：愛惜，愛護。

5 一物：一件事情。

6 君我：作為我的君主。

7 齒讓：以年齡大小而互相禮讓，這是中華文化的敬老傳統。

8 父師：太子的老師。

9 貞：善良正直。

譯文

子夏問孔子：「經上說：周公輔助周成王，教導他做太子的禮儀。有沒有這事情呢？」孔子說：「以往成王承繼天子王位，因為年幼，未能臨朝施政，周公代為推行政務而治理國家，他指出做世子的禮法，教育自己的兒子伯禽，想成王從中知道父子和君臣的相處之道，因此是愛護成王。能夠知道為人子女的孝道，然後可以知道為父母之道；知道為人臣子的忠誠，然後可以知道為人君的禮義；知道如何事奉他人，然後可以知道如何使用他人。因此教育伯禽明白世子的禮法，令成王知道父子、君臣、長幼之間的關係和義務。君主對於世子的關係，在親屬是生父，在尊長是君主。有父親的慈愛，有君主的威嚴，然後兼具國家的政權，不可以不謹慎啊。做一件事，而達到最善的程度，唯有令世子好好學習。世子從小在學習，全國人民看到會說：『這個人將會成為我們的君主，還要與我論年齡的大小，而做出禮讓的行為，是甚麼原因？』簡單說：『他有父親在君主位置上，便要依父子宗族的禮相待。』然後民眾便知道父子相處之道。第二種情況是：『這個人將會成為我們的君主，還要與我論年齡的大小，而做出禮讓的行為，是甚麼原因？』簡單說：『有君主臣子在這個位置上，便要依君臣之禮相待。』然後民眾便知道君臣交往的義務。第三種情況是：『這個人將會成為我們的君主，還要與我論年齡的大小，而做出禮讓的行為，是甚麼原因？』簡單說：『有長輩在這個位置上，便要依長幼之禮相待。』然後民眾便知道長幼的關係，長幼尊敬的禮節了。因此父親在，他就是兒子，君主在，他就是臣下。身處在兒子和臣下的位置，因而可以尊敬君主，親愛父母。在學校裏，學習處理父子關係，學習處理君臣關係，學習處理長幼關係。父子、君臣、長幼的正確關係處理得恰當，然後才可以治國。古語說：『太學的音樂主管，要負責世子實習詩書禮樂的學業，世子的老師，要負責培養世子的品德完善，一國的元首是善良德才的人，全國的社會氣氛都會正直良善。』便是世子接受教育的重要性。聽說：『作為人臣的人，犧牲了自己，如果對君主有益，便去做。』況且在自己完善道德的同時令君主得益啊？這是周公最優秀的工作。」

43·3

子夏問於孔子曰：「客至，無所舍[1]，而夫子曰：『生於我乎館[2]。』客死，無所殯，夫子曰：『於我乎殯[3]。』敢問禮與？仁者之心與？」孔子曰：「吾聞諸老聃曰：『館人，使若有之，惡有有之而不得殯乎？』夫仁者，制禮者也，故禮者不可不省也。禮不同不異，不豐不殺，稱其義以為之宜。故曰：『我戰則剋，祭則受福。』蓋得其道矣。」

注釋

1 無所舍：沒有地方住宿。
2 生於我乎館：他在生的時候，由我照顧他住旅館。
3 於我乎殯：亦作「死於我乎殯」。由我照顧舉殯的事務。

譯文

子夏問孔子：「有賓客來到，沒有地方住宿，而老師說：『活着的時候，我請他住旅館。』賓客死了，沒有地方安葬，而老師說：『我替他安葬。』請問是禮制的規矩？還是仁愛的用心呢？」孔子說：「我聽聞老聃說過：『招待賓客住旅館，要令他有如在家中的感受，可以有如此賓至如歸的款待，而得不到安葬，可以嗎？』仁義啊，是制定禮儀的根源，所以禮儀的行為，不可以不看透徹。禮的儀式有所不同，但禮的精神內涵，尊重他人是沒有分別的，不要過多或過少，禮要相稱於意義，合適得宜便是最好。因此說：『懂得禮義，我打仗便能戰勝敵人，祭祀便得到福祿。』因為他已經得到方法和竅門了。」

曲禮公西赤問第四十四

本篇導讀——

本篇由公西赤為首章，向孔子請教禮儀的學問，與前兩篇成為一連三篇的問禮論述，可知禮的問題，對於孔子來説最為重要。不學禮無法立足於社會，所以禮定在六藝的首位：禮、樂、射、御、書、數。此篇主要講喪葬禮中的一些具體禮儀。孔子一貫主張「仁」，在喪葬制度上也不例外。他不僅反對用真人殉葬，還反對用貌似真人的偶人殉葬。

44.1

公西赤問於孔子曰：「大夫以罪免卒，其葬也，如之何？」孔子曰：「大夫廢其事[1]，終身不仕，死則葬之以士禮。老而致事[2]者，死則從其列[3]。」

注釋

1 廢其事：這裏指大夫的官職事務被廢棄，沒有名銜。

2 士禮：普通士人的禮儀。

3 致事：或作「致仕」。年紀大而退休，或者是自己辭官歸家，告老歸田。

4 列：指官員按職位高低排列的次序。

譯文

公西赤問孔子說：「大夫因為犯罪，被免除官職，他的葬禮，應該如何安排？」孔子說：「大夫被廢除職務，沒有再出仕做官，死去時便用普通讀書士人的葬禮；因為年老而退休回家，死後便依他原來的職位高低，舉行安葬。」

44.2

公儀仲子[1]嫡子死，而立其弟。檀弓[2]謂子服伯子[3]曰：「何居[4]？我未之前聞也。」子服伯子曰：「仲子亦猶行古人之道，昔者文王捨伯邑考[5]而立武王，微子[6]捨其孫腯立其弟衍。」子游以問諸孔子。子曰：「否。周制立孫[7]。」

注釋

1 公儀仲子：公儀是姓，仲子是名字。

2 檀弓：魯國人，對禮制有深入的了解，《禮記》有檀弓的篇名。

3 子服伯子：又稱為子服景伯，是魯國大夫仲孫蔑的玄孫。

4 何居：為甚麼會這樣？這是春秋時代齊魯之間的方言。

5 伯邑考：是文王的長子。

6 微子：即微子啟或微子開，是殷紂王的庶兄，武王打敗殷商，恢復他的爵位，他去逝由弟弟承繼，稱為微仲。

7 周制立孫：周代的制度，嫡子去世，則立嫡孫繼位。

譯文

公儀仲子的嫡子死去了，立他的弟弟承繼爵位。檀弓向子服伯子說：「為甚麼會這樣？我從來就沒聽說過。」子服伯子說：「仲子亦是效法古人的方式，以往周文王不立他的長子伯邑考，而立他的次子武王，微子啟不立嫡孫微腯，改立他的弟弟微衍。」子游以這件事問孔子。孔子說：「不是。周代的禮制，應該改立他的嫡長孫。」

44·3

孔子之母既喪，將合葬焉。曰：「古者不祔葬[1]，為不忍先死者之復見也。《詩》[2]云：『死則同穴。』自周公已來，祔葬矣。故衞人之祔也，離[3]之，有以間焉。魯人之祔也，合之，美夫！吾從魯。」遂合葬於防[4]。

注釋

1 祔葬：合葬。
2 出自《詩經·王風·大車》。
3 離：分隔開。
4 防：即防山，又名筆架山，在山東省曲阜東面。

譯文

孔子母親逝世，準備將她與父親合葬。孔子說：「遠古沒有合葬，因為不忍心死去的先人，又再曝露遺骸。《詩經》上說：『死去後同一墓穴。』自從周公以來，便有合葬了。因此衛國的人合葬，中間要有隔離分開。魯國的人合葬，便是合在一起，多麼美好啊！我依從魯國的方式。」於是將父母合葬在曲阜的防山。

44·4

顏回死，魯定公弔焉，使人訪於孔子。孔子對曰：「凡在封內，皆臣子也。禮：君弔其臣，升自東階，向尸而哭，其恩賜之施，不有筭[1]也。」

注釋

1 筭：算，數量。

譯文

顏回死去，魯定公想去弔慰，先命人拜訪孔子。孔子對來人說：「凡是在君主封邑內的人，都是他的臣民子女一樣。合適的禮儀是：君主弔慰他的臣子，由東面的階梯步上，向死者哭泣，君主所恩賜的施予，實在無法計算了。」

44·5

子游問於孔子曰：「葬者塗車[1]芻靈[2]，自古有之，然今人或有偶[3]，是無益於喪？」孔子曰：「為芻靈者善矣。為偶者不仁，不殆於用人乎？」

注釋

1 塗車：用泥造的小車，送葬用的器物。

2 芻靈：用茅草束紮的人或馬，用於送葬。

3 偶：一作「俑」，用木或陶泥製造成人形的器物，因為似人形，孔子認為不可使用為喪事的禮器。

譯文

子游問孔子說：「安排葬禮的人，以泥土造車輛，以草紮成馬匹和人物，從古至今都有，然而現在，有人用木偶或陶偶來送葬，這對於喪事是否沒有益處？」孔子說：「用草紮成的馬和人，是好的。造成陶偶或木偶，是沒有仁慈的心，豈不是接近用人來殉葬嗎？」

‖44.6

顏淵之喪既祥[1]，顏路[2]饋祥肉[3]於孔子，孔子自出而受之。入，彈琴以散情[4]，而後乃食之。

注釋

1 祥：死後週年祭祀，又稱為小祥，兩週年祭稱為大祥。

2 顏路：即顏無繇。另一解為顏由，字季路，是孔子的學生，顏淵的父親。

3 祥肉：祥祭時所用的肉。

4 散情：抒發哀悼情懷。

譯文

顏淵死後，舉行一週年的祭祀，顏淵的父親顏路，贈送祥祭的肉，孔子親自出來接受。進入屋裏，孔子彈古琴，抒發自己憂思的情懷，然後才吃祥肉。

名句索引

二畫

三畫

四畫

五畫

可以與人終日不倦者，其惟學焉。 ○七七

立身有義矣，而孝為本；喪紀有禮矣，而哀為本；戰陣有列矣，而勇為本；治政有理矣，而農為本；居國有道矣，而嗣為本；生財有時矣，而力為本。 一三○

民之所以生者，禮為大。 ○五四

生今之世，志古之道；居今之俗，服古之服。 ○六二

六畫

好學近乎智，力行近乎仁，知恥近乎勇。 一四五

好諫者思其君，食美者思其親。 ○七四

有文事者必有武備，有武事者必有文備。 ○二二

有君不能事，有臣而求其使，非恕也；有親不能孝，有子而求其報，非恕也；有兄不能敬，有弟而求其順，非恕也。士能明於三恕之本，則可謂端身矣。 ○八○

至刑無所用政，至政無所用刑。……太上以德教民，而以禮齊之。 二四六

至禮不讓而天下治；至賞不費而天下士說；至樂無聲而天下民和。 ○三五

八畫

屈節者所以有待，求伸者所以及時。 二九〇

武王正其身以正其國，正其國以正天下，伐無道，刑有罪，一動而天下正，其事成矣。 〇七五

知而弗為，莫如勿知；親而弗信，莫如勿親。樂之方至，樂而勿驕；患之將至，思而勿憂。 一六一

知為子者，然後可以為父；知為人臣者，然後可以為人君；知事人者，然後可以使人。 三四五

治國不以禮，猶無耜而耕；為禮而不本於義，猶耕而不種；為義而不講於學，猶種而不耨；講之以學而不合之以仁，猶耨而不穫；合之以仁而不安之以樂，猶穫而不食；安之以樂而不達於順，猶食而不肥。 二五六

長幼異食，強弱異任，男女別塗；路無拾遺，器不雕偽。 〇一八

九畫

苛政猛於暴虎。 三二九

為政者不賞私勞，不罰私怨。 三二七

為偶者不仁，不殆於用人乎？ 三五六

為善者，天報之以福；為不善者，天報之以禍。 一六四

十畫

十一畫

十二畫

十三至十六畫

十七畫

新 視 野
中華經典文庫

新 視 野
中華經典文庫